THE BEVELLERS

The Bevellers

A PLAY BY

RODDY MCMILLAN

With a Preface by

BILL BRYDEN

EDINBURGH

SOUTHSIDE

1974

SOUTHSIDE (PUBLISHERS) LTD
2 *Lamb's Pend, Penicuik, Midlothian* EH26 8HR

*First published, with the aid of a Scottish Arts Council grant,
Edinburgh 1974.*

Hardback 900025 11 5
Paperback 900025 12 3

*Printed in Great Britain
by* T. & A. CONSTABLE LTD
Hopetoun Street, Edinburgh EH7 4NF.

Nothing in the theatre has given me more pleasure than directing the play you are about to read. *The Bevellers* was commissioned by the Royal Lyceum Theatre Company of Edinburgh in 1972, just after Roddy McMillan had given a performance of great simplicity, humour and grace in my own play *Willie Rough*. McMillan's first play *All in Good Faith* over fifteen years earlier, was still remembered with affection for its passion and immediacy, but it had not been followed up. The changes that had hindered the progress of a vital Scottish theatre were perhaps partly to blame as well as the author's pursuit of his career as a fine character actor. It seemed to me, however, that perhaps the time was right to invite him to write a new play. Luckily, when director Clive Perry expressed the invitation, it seemed possible that the challenge would be met. There might be a play. No more than that. It was to be about bevelling. Frankly, I knew absolutely nothing about the subject, but in discussion, rehearsal, and performance I became something of an expert, as did audiences in Edinburgh, Glasgow, and London when this heartfelt tribute to a remembered craft took the stage.

My memories of this time are of hard work and great creative satisfaction. They come in no particular order, but with an intensity that matches this play. The first visit to a bevelling shop on a winter's day in Glasgow. Here, Billy Wells, who began by inviting us all to call him 'the Bombardier', after the legendary fighter, showed us the range and beauty of his work. None of us who were there had bothered very much about glass until that morning. It had been windows and milk-bottles. Now it was patterns and style. I saw why the play had been written. It was obvious that the author's apprenticeship (however short) in this skill was part of the stuff from which the good plays are made.

Next, the mind jumps to the first time the company, wearing their aprons and Deirdre Clancy's clothes (so realistic and natural that it

5

would be insulting to call them 'costumes') stepped down the wooden stairs into Geoffrey Scott's meticulous set on the Lyceum stage. The proof of its authenticity was seen the next night on B.B.C. Television in a short excerpt from the play which seemed to be coming to you, not from the stage of a theatre but live from a basement under the streets of a great city. Here we were 'among the pomas and the wheels and the slurry' of Alex Freer in the play. This was the proof that our pursuit of dramatic realism had not been in vain.

Humorous memories, too – actor John Grieve giving up smoking and wondering if he'd be too fat for the role of Peter Laidlaw as a result – Jackie Farrell struggling to be fit enough to lift a ton weight every night – Paul Young's pride at being told by Billy Wells that he should take up the trade full time! But more than the humour of rehearsals I have to pay tribute to the stamina of the company as they lived through the emotional terrors of the play day after day for more than a month. Then there was the delight when they seemed to be bevellers. The characters had come off the page on to the stage to the concentration and applause of an audience. To see this is to know why one is in the theatre. This is what it is for. For a director, this is the pleasure and reward of the job. For this I have to thank Jan Wilson, Billy Armour, Andrew Byatt, John Young, John Grieve, Paul Young, Leonard Maguire, Jackie Farrell, and the author himself.

This is an important play for the Scottish theatre. It was written at a time when there was certainly the potential of a theatre, in this country, of European standard. I hope that you are able to read it at a time when that potential is realised.

Finally, I have a fervent wish: that the author does not take another fifteen years to write his next play. I hope that at this moment Roddy McMillan is staring at the blank piece of paper in that, the loneliest of situations. I have the confidence that he will fill it as full of life and love as are the pages that follow.

Edinburgh
October 1973

Bill Bryden

6

THE BEVELLERS *was first performed at the Royal Lyceum Theatre, Edinburgh, on 16 February 1973, with the following cast:*

JOE CROSBY	*PAUL YOUNG*
PETER LAIDLAW	*JOHN GRIEVE*
BOB DARNLEY	*RODDY MCMILLAN*
DAN MATCHETT	*WILLIAM ARMOUR*
CHARLIE WEIR	*JACKIE FARRELL*
NORRIE BEATON	*ANDREW BYATT*
LESLIE SKINNER	*JOHN YOUNG*
ALEX FREER	*LEONARD MAGUIRE*
NANCY BLAIR	*MARY MCCUSKER*

Directed by BILL BRYDEN
Designed by GEOFFREY SCOTT
Costumes designed by DEIRDRE CLANCY
Lighting by ANDRÉ TAMMES
Technical adviser BILLY WELLS

JOE CROSBY

PETER LAIDLAW

BOB DARNLEY

DAN MATCHETT, *the* ROUGER

CHARLIE WEIR

NORRIE BEATON

LESLIE SKINNER

ALEX FREER

NANCY BLAIR

THE PLAY IS SET in the basement bevelling shop of a glass firm in Glasgow.

ACT ONE

BOB, PETER, CHARLIE, *and* JOE *are all getting ready for work in the morning, taking off their jackets, and putting on their working aprons.*

The ROUGER *carries his bike down the stairs;* LESLIE SKINNER, *the Manager, then brings* NORRIE *downstairs.*

LESLIE   Here's the new boy, Bob. Smart boy he looks. Name's Beaton – that right, lad? Norman Beaton.

NORRIE   That's right, Mr Skinner.

LESLIE   This is Mr Darnley, the foreman.

BOB   Boys call ye Norrie?

NORRIE   Aye.

LESLIE   Well, I suppose that's what they'll call you in here. Show him the job, Bob. I'll ring down for you in a wee while. Couple of items I want to show you. Stick in, boy, you'll do fine. Good effort the day, the rest o' you lads.

LESLIE *climbs the stairs and goes off.*

BOB   Well seen it's Monday mornin. 'I'll ring doon fur ye, Bob.' Ah'll be up an' doon that bliddy stair like a yo-yo. I can feel it in ma watter. Dae ye know whit bevellin is, young Norrie?

NORRIE   Naw.

BOB   It's a' ower the bliddy place, though no wan in a million wid recognise it. No so much o it nooadays, right enough. Time wis there wisnae a boozer or a half-decent shitehouse in the country withoot a sample o the bevellers' craft screwed tae the wa'. Can ye no guess?

NORRIE   Tae dae wi gless, int it?

BOB   Now there's a boy wi his eyes open. Comes intae a bevellin shop where the stuff's stacked on its edges an' says it's tae dae wi gless. A'right, son, let me show ye this.

ROUGER   Watch him, young-yin. He might show ye the gless version o the golden rivet.

9

BOB   Haud yur tongue, Rouger. See this mirror here, Norrie. That's what we call a mirror, but it's no done yet. No silvered. Well, that kinna border-bit round the gless is a bevel. If that wis woodwork, they might call it a chamfer. Not tae be confused wi yur champer, of coorse. An' there's a few other kinna jobs that's a' in the trade, like the arrisin, the polishin an' that. But ye'll soon see it a'.

NORRIE   An' is that whit I'll be learnin, the bevellin?

BOB   No right away, naw. Ye start at the feedin-up. Joe'll tell ye aboot that. It's his job ye're gettin. C'm'ere, Joe. This is Norrie Beaton, he's gaun tae the feedin-up. Get him an apron.

JOE   Hullo. Crosbie's the second name.

NORRIE   How ye?

JOE   Better noo ah'm aff the feedin-up.

BOB   Don't gie the boy a bad impression. Feedin-up's no a bad job. It's an easy job, an' wan that ye must learn before ye start bevellin.

JOE   Aye, whitever ye say yursel'.

BOB   Aye, well, show him how tae mix the pomas. No too thick, no too thin. Then show him how tae make the brush.

JOE   O.K. Ower tae the bench here.

ROUGER   Whit d'ye say this boy's name wis?

BOB   Beaton. Norman Beaton. Kinna film star's name that, int it?

ROUGER   Naw. Teuchter name, I wid say. That right, eh? Teuchter name yours, int it?

NORRIE   Whit?

ROUGER   Teuchter, teuchter. Ye no know whit 'teuchter' is?

NORRIE   Naw.

ROUGER   This is a very dim youth. You'll learn something here, I'll tell ye. Hear that, Charlie, he never heard o a teuchter.

CHARLIE   Innocent, eh!

ROUGER   Doe-eyed.

CHARLIE   He'll soon loss it. Clear and press, a hundred an' eighty, hah!

CHARLIE *snatches at an imaginary weight and holds it aloft. The* ROUGER *pretends to tickle his armpit.*

ROUGER   Tickle, tickle.

CHARLIE [*immediately furious, dropping his arms*] Whit have I said aboot that before, Rouger? One o these times I'll hoist you by the ballocks an' chip ye ower the mill.

ROUGER Aw, easy, easy, fur Jesus' sake. Bit o fun.

CHARLIE Or maybe ye'd like a small tournament, jist you an' me. There's the bar in the corner, hundred and twenty pounds. Ten snatches right up, eh?

ROUGER Wait a minute. That's your game, the liftin, int it? You're on a cert. Whit dis that prove? Superiority in wan field of exertion. I mean, you come oot the road wi me on the bike sometime, I'll show you a fast wheel an' a flash o ma arse as ah leave you gaspin on the highway.

CHARLIE Never mind the cycle talk. There's the bar. Ten snatches, whit ye say?

BOB Aw, snatch yur fuckin drawers! Ye're like a coupla weans. Get yur aprons on an' start graftin. A good effort the day now, as Leslie says. Too much shaggin the dog in here lately.

They all break up and start moving towards their wheels.

PETER Don't worry aboot the Rouger, son. He might try somethin' on wi ye. Don't be feart. He's full o crap. Jist tell him tae come an' see me at the mill. I'll put a hauf-inch level on his tail. Mind, noo.

NORRIE Is it always like this?

JOE Worse sometimes. Bevellers are a' mad, ye know. Peter therr couldnae blow a feather aff his nose withoot havin a rigor.

NORRIE A whit?

JOE A fit. Takes fits, ye know.

NORRIE Straight up?

JOE Aye, jist noo an' again.

NORRIE Works wi gless an' takes fits? That must be dangerous.

JOE Oh whit! Ye see him startin tae jerk a wee bit. Next thing Bob's shoutin, 'Never mind the man, save the bliddy job!'

NORRIE Whit happens?

JOE Ach, jist lie him doon for five minutes, he gets up bran' new.

NORRIE Naw, but I mean, ye wunner they let him carry on.

JOE Nae choice. Cannae get men like him nooadays.

11

NORRIE   Is he good?

JOE   The best. Noo, look, ye jist take a haunful o pomas an' stick it in the basin. Then ye take the watter an' mix it slowly tae it's jist right. Too thick it clogs the grooves, too thin it skooshes all over the shop and disnae polish.

NORRIE   How d'ye know when it's right?

JOE   Ye jist learn. That's aboot right noo, feel that. Right, noo fur the brush. This pile o straw here an' some string, it's easy [*proceeds to make the brush*].

NORRIE   That's a funny name that, Rouger, int it?

JOE   That's no his name, his right name's Dan Matchett. We call him Rouger because he works wi the rouge. See a' that red stuff ower at his wheel. That's the rouge.

NORRIE   That's a hell of a mess. Whit's it dae?

JOE   Peter pits the bevel on at the mill. Grinds it on wi the hard wheel, the carborundum. Then he pits it on the sander. That's a slightly softer wheel. Efter that it goes tae the polishin – that's Bob's job. Then it goes tae the rougin – that pits the gloss on it.

NORRIE   Whit are the other wheels?

JOE   Wan's Charlie's an' wan's mine. They're vertical fur daein' edges an' . . .

Suddenly the noise of glass applied to the various wheels blots out all other sound.

NORRIE [*putting his hands over his ears*]   That's a hell of a noise.

JOE   Ye get used tae it.

The noise recedes after a short time.

BOB   No ready yet, Joe?

JOE   Coupla shakes.

NORRIE   That a real weight-liftin thing ower therr?

JOE   Aye, it's Charlie's. Brought it in hissel'. Practises wi it at dinner-time sometimes.

NORRIE   I'd like tae see him liftin that.

JOE   He'd lift that an' you alang wi it. Don't needle him – he might dae it.

12

NORRIE He pit the breeze up the big-fella anyway, didn't he? Does he lose the head easy, that Charlie fella?

JOE Not always. Fact, sometimes he's very good-tempered. Disnae like anybody takin him down. Winches this bird that works up next door in the printin-works. Noo ye see how tae make the brush? Ye jist take enough straw and fold it, tie it in two places away fae the middle, and cut the ends wi the chisel.

NORRIE I fancy I could dae that.

JOE The secret's ye tie it tight – it's got tae be tight. That's it, Bob! [*He carries the basin and brush over to the polishing wheel.*]

BOB Right noo, you sit there, son, jist beside the wheel. Take the brush, dip it in the pomas. Feed it up on tap o the wheel when I'm usin the surface, and feed it intae the groove when I'm daein the edges. Try it noo, but easy.

NORRIE *soaks the brush and plunks it on the wheel, as* BOB *touches it with the glass. The pomas squirts up into* BOB's *face.*

BOB [*wiping the pomas away with his apron*] Aw, Jesus Christ, naw, naw! No so hard, an' no so much pomas. I've got tae be able tae see tae dae this job, Norrie. Try it again – a wee bit easier.

NORRIE *tries again. This time the brush flies out of his hand and lands over by the bench.*

NORRIE Sorry, Mr Darnley.

BOB Away and pick the bliddy thing up. Gie it a run through in the trough. That's it, jist enough tae take the grit oot o it. It's no needin a haircut an' a shampoo. Noo, wance mair, nice an' easy.

NORRIE That better, Mr Darnley?

BOB Aye, that's better. Jist pit some on when ye think it needs it. An' stop callin us Mr Darnley. Bob'll dae. But no Bobbie – I'll no stand for Bobbie.

NORRIE Aye, right.

BOB Ye see the idea? Noo that bit o the bevel's still rough, but this bit here that I'm polishin is a bit smoother, see that? [*He wipes the glass and holds it up to the light.*]

NORRIE That's great.

BOB Well, it's no exactly great, but it'll be a'right. Merr pomas.

NORRIE Is that ma job, then? Jist sittin here dabbin the brush?

BOB Refer tae it as feedin-up fae noo on. Like everything else, ye start at the beginnin. It's amazin how much ye pick up when ye think ye're idlin'. I wis feedin-up when I wis fourteen. Sometimes I think I havenae learnt it a' yet. This is a craft, ye know, not jist a common trade. Wan o the few, an' wan o the auldest. Put your mind tae this, ye'll get a job anywhere. Merr pomas. Ah, ye see, that wis you gaun a wee bit heavy again – but don't worry, the time'll come when ye'll be able tae judge it, an' that'll be somethin' learnt, that right?

NORRIE Aye.

BOB Is this yur first job?

NORRIE Aye.

BOB Ye'll be able tae bung yur mother a couple o poun' at the end o the week noo, eh?

NORRIE Naw.

BOB Ye gaun tae keep it a' tae yersel?

NORRIE Naw, I didnae mean that. Ma mother's deid. Died when ah wis thirteen. Two years ago.

BOB That a fact, son? Yur faither's still livin, though?

NORRIE Oh aye. There's ma da, ma sister, an' me.

BOB An' yur sister looks efter ye, like?

NORRIE Aye. She's got a job tae, though.

BOB Yez'll be quite a well-doing wee family, then?

NORRIE Aye, no' bad.

BOB Whit dis yur faither dae?

NORRIE Docker.

BOB Good job, good job. Merr pomas. She'll wid have been quite young, your mother? When she died?

NORRIE Forty-four, I think.

BOB That's young. Must've been sudden, eh?

NORRIE Aye, it wis during the school holidays it wis. I wakened up wan mornin, an' there wis this noise in the kitchen. A lot o voices. I went through an' they widnae let me in. I jist saw her lyin in a chair. That wis it.

BOB Ah didnae mean tae make ye greet noo.

NORRIE Ah'm no greetin. It's a long time. Two year.

BOB Aye, a long time fur a boy tae be withoot his old-lady. Hear that,

14

youz fullas. This boy here's been tellin me aboot his oul'-wife dyin, and he's no greetin. No much wrang wi a boy that can dae that, eh?

ROUGER Eh, whit's that, who's dyin? Who's deid?

BOB Norrie's oul'-lady. He wis jist at school at the time.

ROUGER Whit wis wrang wi her? [NORRIE *doesn't answer*] . . . It's a'right, young-yin, we're no tryin tae extract ye. Jist askin whit happened tae her.

NORRIE Heart-attack.

ROUGER By Jees, eh. That's tough luck. Hey, Bob, wee bit fire on this side here.

The ROUGER *holds out the glass.* BOB *gives it a wipe and holds it up to the light.*

BOB Aye, ye're right. Ah'll gie it a touch. Noo, Norrie, jist gie the brush the least wee sensation on the wheel therr. . . ach, I better dae it masel'.

ROUGER That the only time yur mother wis ever sick?

NORRIE Naw. Eh, she wis sick wance before – a couple o year before she died.

ROUGER Hospital, wis she?

NORRIE Naw, naw.

ROUGER Couldnae have been too bad, then, wis she?

NORRIE Oh, she wis bad. It wis in the middle o the night. She suddenly had these terrible pains. She wis moaning – nearly screaming. I had tae go tae the polis station, fur them tae call a doctor.

BOB Whit time o night wis that?

NORRIE Hauf past two – three o'clock.

ROUGER An' wis she a'right efter that?

NORRIE Aye, a while efter the doctor came.

ROUGER Did ye see her?

NORRIE Naw, ma oul'-man told me tae go back tae bed. She wis a bit better in the mornin.

ROUGER Nae merr pain, eh?

NORRIE You're hell of a nosy. Whit ye want tae know fur?

ROUGER Nothin'. Jist askin.

BOB Ye must've been only eleven year auld then. No much wrang wi a boy that'll go fur a doctor for his mother at three o'clock in the

15

mornin an' him only eleven year auld. Did yur big sister no go wi ye?

NORRIE   She wis bubblin. She couldnae go.

ROUGER   Got a sister, eh? Tell her ah'll take her out some night.

NORRIE   Aye, likely. That your bike over therr?

ROUGER   Yes! Nice machine, int it?

NORRIE   'S all right.

ROUGER   Like tae get yur leg ower it?

NORRIE   Widnae mind.

ROUGER   Leg ower yur sister?

NORRIE   She widnae pish on you if ye were on fire.

ROUGER   Now. . . I'll remember that.

BOB   Therr ye are, then. That should be a'right. Jist blend it in easy. That should dae. . . . [*The bell rings and the* ROUGER *goes back to his wheel.*] That's him started. Ye ever see wan o' thae monkeys on a string, Norrie? That's whit he thinks ah am. Got tae take the apron aff every time ye go up the sterr in case there's some conshiterified bloddy eediot in the office. Whit's the time? Clock's stopped, bi-Christ! Hey, Joe, see the time – show Norrie here how tae keek, then gie that clock a dunt an' see if it'll go.

BOB *goes off upstairs.*

JOE *goes to the back of the shop, mounts a box, and puts his eye to the roof.*

NORRIE   Whit ye daein? Whit can ye see?

JOE   The pavement up there's wan o' thae glazed gratings. Ther' a hole in the gless, an' if ye judge it right ye can see the Greek clock.

NORRIE   Gaun tae let us swatch it?

JOE   Sure. Jist pit your eye up there.

NORRIE *goes up.*

NORRIE   Aw, Christ, I think I've blint masel'.

JOE   Don't pit your eye hard against the hole, it's full o muck. Try it again and jist squint a wee bit tae the left.

NORRIE   Cannae see anythin'.

16

JOE Nae wunner, ye've got your eye shut.

NORRIE Eh, oh aye. I think I can see somethin' noo.

JOE Can ye see the coffin-end corner?

NORRIE I think so – aye!

JOE Jist move a wee touch tae yur left and look up, ye'll see the Greek steeple wi the clock.

NORRIE Got it, bang in the sights. That's great, int it?

JOE Oh, aye, great, but whit the hell's the time?

NORRIE Twenty past nine. Naebody in here wear watches?

JOE Naw. Too much stour and damp. Even that oul' clock's got a touch o the cramp. [*He goes up to the clock, which is on the wall just above* BOB's *wheel.*]

PETER Hey, Norrie – is that your name? Well, c'm'ere, ah want ye. See this brush? Take it up in your airm, yur right airm, and ower yur shouther. That's right. . . noo, jist you staun therr fur a wee while, an' if ye feel like it, jist take a wee about-turn noo an' again. Anybody comes, shout, 'Beware the amber bead!'

NORRIE *is holding the brush like a sentry, though he doesn't realise it.* PETER *darts into the lavvy under the stairs.* NORRIE *stands quite still for a bit, until* BOB *appears carrying an old mirror down the stairs.*

BOB The hell ye daein staunin therr, ya bliddy eediot! Pit that thing doon an' come ower here tae ah show ye somethin'. Somethin' that came oot the Ark. An' as for you, Peter Laidlaw, you should have merr sense. I hope a bliddy crocodile gets ye.

NORRIE Sorry, Bob.

BOB Don't be sorry, be sensible. Joe, leave *that* rush job the noo an' start on *this* rush job. I want ye tae show the young fella here how tae dismantle this oul' mirror. Go easy wi it. If anything happens tae it, Leslie'll bastricate ye.

JOE Is it worth somethin'?

BOB Tae you an' me it widnae be worth a pump, but tae the oul' cow that brought it in it's the light o the world. I wunner where Leslie digs them up. They come in here wi their broken-doon, oul'-fashioned fol-de-rols an' expect us tae gie them back tae them bran' new. Ye'd think we hidnae enough work o wur ain. I think Leslie must be gettin

17

his mutton oot o it. Dirty oul' midden. Anyway, she wants it touched up an' re-silvered. Noo, watch the surface. If ye lay it on the face, lay it on straw or plenty paper.

JOE No much tae it, Bob. Jist a hauf dozen wee tacks.

BOB Go ahead, then. I'll feed-up tae the boy's ready.

JOE Right, we'll lay it on the slant so's the glass disnae touch the bench. You haud wan side, an' ah'll ease the tacks oot.

NORRIE Ye think it's very ould?

JOE Oulder than you an' me pit thegither, I'll tell ye that. Might even be an antique. Nae bother, see. Jist two merr . . . therr we are. We take the back aff, Bob?

BOB Aye, go ahead, go ahead.

JOE [*easing the back off, and separating the glass from the frame*] That's it.

BOB Jist haud on tae it, ah'll finish this side.

NORRIE Hey, Joe! Look at this oul' paper that came oot the back. *Evening Times*, October the fourteenth, 1921! 1921! Ye wer right, it is oulder than you an' me pit thegither. Look at that, whisky three an' fourpence a bottle.

JOE Bit chipped on the side here, Bob.

BOB Aye, aye. Hey, Peter, c'm'ere a minute. Rouger, you, tae. Charlie, have a look at the edges.

NORRIE 'Fordyce's Annual Sale – women's stockings, wan an' six a dozen.' Hey, Rouger, look at this oul' paper I foun' oot the mirror. It's ancient history.

ROUGER Nae five-poun' notes in the back o it? Nae confessions tae rape and murder concealed in a secret groove? See the paper. Yah, that's a lot o pap. 'Ladies' combinations, every size.' That's disgustin, that. Look at ye, you're slaverin like a dog wi the dicky itch. Get away! [*He throws the paper away.*]

NORRIE Hey, easy, easy. I want tae read that paper. [*He bends down for the paper. The* ROUGER *catches him a soft kick on the arse, and he falls against the bicycle.*]

ROUGER Watch that bike, teuchter!

NORRIE Bugger you and yur bike. Ah'm nae teuchter.

ROUGER Ha-ha, so ye've learnt whit it is suddenly.

NORRIE Naw, ah havenae.

ROUGER I'll tell ye sometime. No as bad as ye think.

18

BOB That's quite a chip oot the side right enough. D'ye think it wid staun the slightest touch o the grinder, Peter?

PETER Never. It wid shatter instantly.

BOB Aye, I wis thinkin that masel'. Mebbie a wee rub wi the blockin-stone, then?

PETER Aye, that might dae it. Need tae go dead easy, a' the same.

BOB We'll a' need tae go very careful wi it. Hear that, Rouger? You hear that, Charlie?

CHARLIE *is revealed with the weight-bar over his head. He brings it down and with a great* 'Yah!' *drops it. The whole place trembles.*

BOB In the name o the lantern Jesus, have ye nae fuckin sense? I'm tellin everybody tae keep the heid wi this auld merchandise here, and you're flingin ton weights a' ower the place. It's blohoorable, so it is. Diabastric and blohoorable!

CHARLIE Nae herm done.

BOB I've tellt ye a hunner times, this is a glesswork. Ye've only been here nine year, ye should know by noo that this is the last place for a contraption like that. But ye'll get it oot o here. Ye'll get it oot that back door by the end o the week.

CHARLIE Will you cairry it oot?

BOB Aw, shite! You want tae grow up. Classic beveller, you! Strong back – weak heid!

CHARLIE Must keep the strength up, Bob.

BOB How much strength dis it take tae lift three feet o quarter-inch plate?

ROUGER Aw, this strength o' yours – whit ye gaun tae dae wi it?

CHARLIE Use it when the time comes.

ROUGER Like hauf-past ten at night when you're lumberin Nancy up the high-road? Don't blush, Charlie, we a' know you're a wee bit short o strength in the right place.

CHARLIE Not at all, I've got it when the times comes.

ROUGER Oh, ye've got it a'right, but where are ye hidin it?

BOB Be quiet an' pey attention. You're a bliddy mixer, Rouger. I think you were born wi a needle up yur arse. I must decide the best wey tae tackle this thing.

PETER I could settle that fur ye.

BOB   How?

PETER   I'll just drap it.

BOB   Ye wull, like hell! Don't you start, Peter, we've had enough kiddin this mornin'.

ROUGER   He might drap it anyway.

The bell rings from upstairs.

BOB [*tearing off his apron as he goes upstairs*]   Whit dis he want noo?
BOB *goes off.*

PETER   Whit did you mean therr, Rouger?

ROUGER   Mean aboot whit?

PETER   When ye said I might drap it anywey.

ROUGER   So ye might, so could anybody.

PETER   That wisnae it, you meant me special.

ROUGER   Oh, ye know me better than I dae masel', like?

PETER   Ah know ye fur a big-mouthed, dyin gett.

ROUGER   It's you that might have the big mouth shortly.

PETER   Any time ye like. Dinner-time, any time, oot the back door therr. I'm no much, but I'll have a go wi the likes o you any time ye fancy it. Arse-holer!

ROUGER   Better watch it, ye'll be foamin at the mooth soon.

PETER   That's it, int it – that's whit ye meant? I might take a wee turn an' drap it. That's whit ye meant. Couldnae haud yur tongue in front o the boy therr. Ye must let *him* know.

ROUGER   It's you that's lettin him know.

PETER   Whatever he says, son, it's no epilepsy – no epilepsy! Take a wee tightness in the throat sometimes – constriction – looks bad, but it's no malignant. So, if this big, lousy, squeezed-up, pox-eye tells ye anything different, ye'll know him fur a five-star bastart liar.

ROUGER   You might get yur go sooner than ye think.

PETER   Go! You? I've seen merr go in a haun-reared, Abernethy fuckin biscuit. Ya common, schoolboard-faced, sodomistic pig, ye!

The ROUGER moves towards PETER. As he goes, CHARLIE grips his arm tightly. It's obviously a grip of steel.

CHARLIE   Away ye go, Peter.

20

PETER *goes.*

ROUGER   Let go the grip, Charlie.

CHARLIE   Try and get away.

ROUGER   This is atween him an' me.

CHARLIE   Whit's on ma mind's between me an' you.

ROUGER   The strength kick again, 's 'at it?

CHARLIE   That's it.

ROUGER   Aye, well, while you're at it ye might try shaftin some o it through tae that hot-arsed wee barra up in. . . oh. . . Christ, Charlie. . . you'll break ma fuckin airm!

CHARLIE   A'right. . . . Noo, ah'm tellin ye, you lift her name again in here, an' ah'll split ye – take ye apart!

CHARLIE *lets go. The* ROUGER *and* CHARLIE *move away to their wheels.* NORRIE *goes to his seat with the paper.*

NORRIE   Hey, Joe, Joe, listen tae this – in this paper. 'Parents in the Anderston district of Glasgow are invited and encouraged to view the new school to be opened soon, to accommodate children of school age in the district. Classrooms and other facilities will be open to inspection for two weeks from the fourteenth of November 1921, which is the fortnight preceding the school's opening date, November twenty-eighth. The school, which will cater for infants, juniors, and advanced division scholars, will be known as Finnieston Public School.'

Joe – that's the school ah went tae – honest – Finnieston School. I cannae believe it. Imagine that, eh, oor school, an' here's this oul' paper tellin ye when it opened. That's great, int it? D'ye think ah can keep this paper? Ah'll show it tae the boys. Might even take it in tae show it tae ma oul' school-teacher. Therr ye are, Joe – want tae see it?

JOE   Away ye go, an' don't bother me. Ah've this set tae finish aff the day.

NORRIE   But – d'ye no want tae look at it?

JOE   Beat it ah'm tellin ye, blow!

NORRIE   A'right, a'right.

BOB *comes down the stair and puts on his apron.*

21

BOB A'right then, Norrie, come on, we'll get wired in. An' youz get wired in, tae. Cannae go up the sterr but ye're a' squealin murder. I'm tellin yez – if there wis bevellers tae be got ah'd bag the hale bliddy lot o ye. Me tae! I'd bag me tae fur no baggin yez a' years ago. Now then, as Leslie says, a good effort! Think a strong fart wid dae him some good. Feed up, son. Whit's that in yur haun?

NORRIE It's this oul' paper that came oot the mirror.

BOB Whit year?

NORRIE 1921.

BOB Nae photies in it, ah'll bet ye.

NORRIE Naw, jist readin. It's got a paragraph aboot the opening o oor school in it, askin the mothers and faithers tae go an' inspect it before it opens.

BOB Whit school wis that?

NORRIE Finnie – Finnieston.

BOB Doon Anderston wey, eh?

NORRIE Aye, d'ye know it?

BOB Naw. Cowcaddens wis wherr ah wis brought up. Used tae be a bevellin shop doon your wey. Ye know Elliot Street? Aye, well, doon therr. Quite unusual that. The trade wis maistly centred up roon aboot Cowcaddens. Lot o Irishmen in it, tae. Hard men – hard drinkers, a lot o them. Piece-workers, and no often steady work. Used tae wait in the pub tae a few jobs came in and go intae the shop when the gaffer sent fur them. Merr pomas, son. Of course, sometimes they'd been in the pub that long they wernae able tae go tae their work when they wer sent fur. Strong men they were. Had tae be. Some o these jobs they had in the oul' days wid have ruptured ye. Every man saw the job right through – start tae finish – and they had tae be fast at the game. There wis plenty o men tae step intae their shoes if they wernae. Merr pomas. Ye see, Norrie – noo listen – try and get used tae knowin when the wheel needs a bit merr pomas – no hiv me tellin ye a' the time. When the wheel's dry, ye can smell the burnin, see? Try some again. . . . [NORRIE *uses too much pomas, and it squirts up into* BOB's *face.*] Holy Jesus! Ye had it right, therr – noo ye're away back again. Enough, but no' too much, see. Doot ye widnae have lasted long in the oul' days, Norrie. But ye never know, ye might jist see a job like wan o the ould yins quite soon. This very day, in fact. There's a big job lyin through therr, an' ah've a feelin Leslie's gaun tae tell us tae drap every-

22

thing an' get oan wi it this efternoon. That reminds me, ah've got somethin' tae dae. In the meantime, you can cairry these two jobs up tae the silverin.

NORRIE Up the sterr is that?

BOB Past the cuttin-table an' through the door.

NORRIE O.K. [*He grabs the glass awkwardly.*]

BOB Easy, son, easy for the. . . noo, listen. Always haunle gless gently. If there's two jobs thegither, make sure there's always a bit o paper in between when ye're carryin' them. Like that, see, at the tap. Lift them up easy – wan haun at the bóttom an' wan haun on the edge. Haud them a bit tae the side so that they're no movin' in front o ye. Try that. That's no bad. Careful up the sterr, noo, and if they gie ye somethin' tae bring doon, jist take it slow. That's the stuff.

> NORRIE *goes off.*

Now, I'll away and phone my granny. [*He goes to the lavatory, his head round the door, shouting to Peter.*] How's that comin wi the hand-block, Peter?

PETER It's fragile – very fragile – but it'll be a'right, ah think.

BOB Well, don't spend too much time oan it. We'll jist fake it the best wey we can an' sen it up.

PETER Don't know who first bevelled this thing, Bob. Think it must have been ould Alex Freer when he wis on the wine. See that?

BOB Well, ah cannae see roon corners. Jist a minute. A wee bit aff the true, eh?

PETER The rocky road tae Port Dundas.

BOB Ach well, that'll nearly dae it. Christ, ye're right. I think whoever did this job wis either blind or workin in the dark. Ye seen any sign o ould Alex Freer these days?

PETER Naw, it's a while noo. Last time I saw him he couldnae see me.

BOB He'll never get aff the juice. Well, as long as he disnae come roon here tappin us we'll be a'right. Last time he came in he looked like a bliddy ghost. He wis the colour o pomas.

PETER That's the wine, Bob, the dadlum.

BOB Aye, good tradesman he wis. He might be deid fur a' we know.

PETER Aye, he wis fadin away. Ye feel he wid jist slide doon a gratin an' disappear.

BOB   Bring that ower tae the polisher when you're ready. Take yur time noo, Norrie, an' jist haud it right!

NORRIE *carries a couple of pieces of glass down the stairs.*

Good. Noo drap it first on tae yur shoe – that's it – an' lean it against the wa' – a wee bit oot at the bottom. That's it. See, that's a wee bit merr ye've learnt.

NORRIE   That gless is sherp. Think ah've cut ma haun.

BOB   See it. Naw, that's nothin'. Jist the skin. See these. A few cuts therr, eh? But that's nothin' either. You ask John the cutter tae show ye his haun's sometime. He's got millions o wee cuts.

NORRIE   I don't think ah'd fancy that. Gettin ma hauns a' cuts, ah mean.

BOB   That's funny. When we were boys we couldnae wait tae get wur hauns lookin like bevellers'. Used tae compare them, and sometimes ye'd gie them a wee roughin-up wi a sherp bit o gless tae hurry them on.

NORRIE   That sounds a bit daft tae me.

BOB   Well, son, maybe you're no cut oot tae be a beveller. Never mind. It's no often ye get a real cut, unless there's a flaw in the job an' it comes away in yur haun. Mind wan time when ah wis feedin-up – the beveller wis workin in the groove and the job cracked. Well, see the wey your brush skited aff the wheel therr, same thing happened tae the job. It planed right across the shop and caught this other fulla on the thigh. It went through aprons, troosers, the lot. Severed his hamstring, an' though they got him tae the hospital in time, he never walked right again. That frighten ye, eh?

NORRIE   It's no hell of a cheery.

BOB   Come on, we'll get intae it again. Ye might no believe this, but ah've seen me wi near a mornin's work done by this time. Feed up. Noo watch it – jist got ma heid away in time therr, didn't ah?

NORRIE   The feeder-up no find this a monotonous job?

BOB   Maybe a wee bit, but no too bad. How, you find it monotonous?

NORRIE   Ah thought when ah wis workin time wid fly. Seems as if ye jist sit here lookin at the clock.

BOB   Well, ye should be lookin at the job instead.

NORRIE   Is it a'right if ah keep this oul' paper?

24

BOB Tae hell wi the paper. Pey attention.

NORRIE Naebody seems tae care aboot it except me. I mean, it's kinna historical. I wis gaun tae try an' show it tae ma oul' schoolteacher.

BOB Listen, son, schooldays are over. Noo forget the fuckin paper, an' jist keep yur mind on the job. That wey, we'll get along fine.

NORRIE Aye, right, sorry.

BOB Stop apologisin. Jist dae the job. [*The pomas squirts up again.*]

NORRIE I'm sorry, Bob, so I am. I'll. . . I'll. . . .

BOB It's no a hard job this, Norrie, an' ah think you're quite a sensible lauddie, but you're no concentratin. Noo, ah'll tell ye again [*the bell rings*]. . . aw, Jesus Johnnie, therr that bastart bell again. Oan wi the apron – aff wi the apron. Ye'd think, bi-Christ, I wis a hure on a hard day. Rouger, c'm'ere! Finish that other side or this bliddy thing'll never get done.

The ROUGER *takes over.* NORRIE *feeds pomas. It's too much. It squirts into the* ROUGER'*s face.*

ROUGER Ya bastart, ye tried that.

NORRIE Naw, honest, ah didnae, ah didnae mean it.

ROUGER Ye did, ya swine. Don't try anythin' funny wi me.

NORRIE No kiddin, ah couldnae help it.

ROUGER See that ye dae help it. Feed up right. Bliddy teuchter, a'right, that's you.

NORRIE Ah don't even know whit you're talkin about.

ROUGER Hielan, Hielan, Stupit Hielan. Nae wunner they used tae eat folk like you.

NORRIE Whit?

ROUGER Hielanmen, they used tae eat them. But their meat wis tough – tyuch – teuch! That's how they called them teuchters.

NORRIE Ah'm no' Hielan.

ROUGER Yur oul'-man, then?

NORRIE Naw.

ROUGER Yur oul'-lady? Don't like talkin aboot her, dae ye?

NORRIE Whit should ah talk aboot her fur?

ROUGER Cat's fur! Ye ever seen it oan a fuckin dug?

NORRIE Whit ye gettin' at?

ROUGER   Big innocent game noo, eh. Oot at three o'clock in the mornin gettin a doctor. That wisnae cat's fur, wis it?

NORRIE   She was ill. Anywey, it's nane o your business.

ROUGER   Oh, you're right. It wid have held tight if it had been ma business.

NORRIE   Whit the hell ye talkin aboot?

ROUGER   A miss, wis it, eh?

NORRIE   A whit?

ROUGER   Don't come it. You know. A miss. Couple o snorts o penny-royal, an' bang goes the baby. Mis-carriage, wis it?

NORRIE   She was sick in the middle o the night. . . she. . . she. . . .

ROUGER   Abortion, wis that it?

NORRIE   You're a stinkin big bastart! Don't you talk aboot ma old-lady like that.

ROUGER   She drapped it, didn't she? [NORRIE *dives at the* ROUGER, *who holds the job in one hand and the boy at arm's length with the other.* CHARLIE *and* JOE *look on, but do nothing.*] Got ye gaun noo, haven't ah? Look at him, feet an' a'. She wis like the man wi the barra – it wis in front o her.

PETER   Whit ye daein tae that boy, ya dirty big sod, ye? Can ye no let nothin' alane? Lea' him go or I'll come ower there an' pit ma boot in yur cobblers.

ROUGER   You couldnae pit yur boot in shite. No time ye had a wee convulsion?

PETER   Ya midden! Ya misbegotten, parish-bred midden! Liberty-taker! Ould men an' wee boys, it's a' you're good fur.

The ROUGER *gives* NORRIE *a shove. He lands on his back and begins to cry.* BOB *comes down the stair.*

BOB   I don't know whit you're daein therr, but get on yur feet. Whit ye greetin fur?

PETER   He's greetin because that. . . big, long-distance sod therr wis tormentin him.

BOB   Ah'm no askin you, Peter. You seem tae be gettin intae a hell of a lot o trouble, son, fur yur first day.

NORRIE   Ah didnae start any trouble.

BOB   Whit happened?

26

NORRIE It wis. . . it wis. . . cannae fuckin tell ye.

BOB Ye don't hiv tae tell me who wis aback o it. Whit wer ye sayin tae the boy, Rouger?

ROUGER Nothin' much. He no tell ye hissel'?

BOB Ye've got him greetin anyway. If you'll no say whit's goin on, an' he'll no say whit's goin on, we'll never know, wull we? Honest tae God and Jesus, Rouger, you're a needle o the first bliddy mettle. Ah wis readin aboot folk like you. Psychopaths they call them. Ye hear that? Psychopaths!

ROUGER Aw aye, that's thon wee special roads fur ridin the bike on, int it?

BOB Wan o these days you'll run intae it, an' ah hope ah'm therr tae see it.

ROUGER That's been said before.

BOB Dry up noo, Norrie, it cannae be as bad as a' that.

NORRIE You don't know whit it wis. He said somethin' aboot ma mother.

BOB You Charlie, could ye no have done somethin' fur the boy?

CHARLIE No ma business.

BOB Nothin's your business, except your sodie-heided weight-liftin. A'right, Norrie, ah don't know whit he said tae ye, but it's no the worst ye'll hear. In this game or any other. Feed up, noo. Come on, come on, move. Feed up.

NORRIE Ah'm chuckin it.

BOB Ah tellt ye. You're no in the school noo. You're wi the big men ootside. Yur faither cannae come divin up tae see the heid-maister an' tell him somebody's been unkind tae his wee boy. That's in the past. Make up yur mind tae it, you'll get a lot o knocks afore you're done, specially fae the likes o the Rouger therr, and if you want tae chuck it on the first day, that's up tae you, but ye havenae made much o a stab at it, hiv ye? So either feed up, or take aff yur apron an' pit yur jaicket on. [NORRIE *lifts the brush and starts feeding-up.*] We'll likely be makin a start on that big job sometime in the efternoon. Then ye'll see somethin'. Ye'll see a bit o the trade as it used tae be. Four-handed we'll be tae this job, inchbevel all round. We'll hiv tae use the trestle-board. There's no much o that kinna stuff goin aboot these days.

NORRIE Whit's it fur?

BOB Some daft dancin-school wants a matchin mirror fur wan that

27

got broke. Hey, whit's the time? Joe, pit the watter on fur the tea. Ye forgot aboot it. It's hardly worth while noo before dinner-time.

JOE   That's *his* job noo.

BOB   He'll dae it the-morra. An' a' the rest o yur jobs, tae.

JOE   Hope that means runnin doon tae the bettin-shop fur ye.

BOB   Less o yur lip, Joe. . . Christ, that reminds me. Ah backed three winners on Friday an' didnae collect the money. Ought tae hiv a few quid comin back. Noo, where'd ah pit the ticket? Aye, in ma jaicket. Norrie, take a run doon tae the bettin-shop an' pick up the money fur us. They should jist be open noo. Oot the back door, up the sterr and a hunner yards doon the street on this side. Ye cannae miss it. Run like hell, an' if anybody sees ye, kid on you're no therr. Think ye can dae that?

NORRIE   Sure, nae bother.

BOB   On ye go, then. It's a lovely day ootside. Ye'll enjoy the run.

NORRIE goes out the back door.
The BEVELLERS *concentrate, swaying gently at their wheels. A moment of peace settles on the shop, and they start to sing. In contrast to what has gone before, the song is sweet and sentimental.*

ALL
Meet me tonight when the clock strikes nine
Down in the glen where the stars brightly shine
And we will walk, love, over the hill
Meet me tonight by the old water-mill.

Evening will come at the close of the day
And to the glen we will both make our way
Your hand in mine, love, over the hill
Meet me tonight by the old water-mill.

They hum the end of the song again to a close, and break off slowly.
JOE *goes for the tea and hands it round.*
NORRIE *comes back.*

NORRIE   That's it, Bob. Jist a few pence short o eight quid.

BOB   Champion, champion. Jist aboot whit ah thought masel'. No bad fur dollar roll-up, eh?

28

ROUGER You're hunted – enchanted.

BOB Jist makin up fur a' the cripples ah've backed since the season started.

PETER By Jees, Bob, you're a dab at the accumulators. Ye always back wan stotter. Makes up for a' the stevers.

BOB You're right, Peter. Jist aboot this time last year ah had two bob – ten pence – gaun fur me on a four-horse roll-up. Jist over fourteen poun' it got me.

JOE An' ye didnae forget the boy that ran wi the line.

BOB Ah'm no forgettin him this time either. Therr half a quid. But there wer two o' yez this time. You went wi the bet, and the boy here picked it up. So, a dollar each.

JOE Whit! Ah've been daein it for donkeys! He comes in here new, an' the first day he goes, he's on a dollar?

BOB That's right. Ye wur greetin therr a wee while ago for Norrie tae go tae the bettin shop. That wis before ye knew ah had a treble up. So, a dollar tae you, an' a dollar tae the boy.

JOE [giving NORRIE the money] Therr ye are – Pontius.

NORRIE Ah didnae ask fur it.

BOB Never mind him. Get yur tea.

JOE Don't think there's enough left fur him.

BOB Well, whit d'ye no pit plenty on fur?

JOE Ah jist pit the usual on. Ah forgot aboot him.

NORRIE That's a'right, ah've got ma flask.

ROUGER Oh, a flask, eh? Whit aboot that, Joe? Ye hear that, Charlie? Lord Fauntleroy's sister's sent him tae his work wi a flask an' sandwiches.

CHARLIE Ye don't need a flask in here. Plenty gas in the ring.

NORRIE It's jist tae go wi ma dinner piece.

CHARLIE Ye eatin yur dinner in here?

NORRIE Aye. D'yez no a' dae it?

CHARLIE Ah think merr o ma gut than eatin ma chuck in here.

NORRIE Dis naebody dae it, then?

JOE You'll be on yur tod in here the minute the whistle goes.

ROUGER Only wan other man in here at dinner-time.

NORRIE Who's that?

ROUGER The beveller's ghost!

JOE Aye, him an' the rats.

NORRIE   Jesus Christ!

ROUGER   Ye'll be sittin therr an' ye'll feel this cauld thing creepin up the back o yur neck. Ye look roon, an' therr it is, glowin in the dark, the beveller's ghost.

PETER   Ach, the beveller's arse! Don't believe them, Norrie. Many's the good kip ah've had in here at dinner-time, stretched oot on the bench.

NORRIE   Ah didnae believe them anyway.

ROUGER   No much – it wis hingin fae ye.

NORRIE   'S a lot a junk, that ghost stuff.

PETER   Ah'll no be havin a kip the day a' the same. Ah'll be joinin Bob on a wee toddle down tae the boozer fur a gless o that class lager. Ye settin them up the day, Bob?

BOB   Don't mind. No every day ye get a wee turn at the bookies. Ye're a' invitit.

CHARLIE   No me, Bob. Thanks a' the same. Ye know me.

BOB   Good enough, wan less.

JOE   Ah'm on fur a half pint.

BOB   You've had yur dollar. You, Rouger?

ROUGER   Don't know. Ah want tae go fur a spare inside tube fur the bike. If ah get back.

BOB   Ye might be too late then.

ROUGER   That'll no bother me.

BOB   Suit yursel'.

CHARLIE *lifts the weight-bar above his head and lets it fall with a great gasp. Everyone freezes. Nobody says anything.*

ROUGER   That's how tae spend yur dinner-time, young-yin. Try liftin Charlie's weight.

NORRIE   No me. Many times can you dae that, Charlie?

CHARLIE   Often as ye like, within reason. I'll show ye. Wance merr fur luck, eh?

PETER   Aw, Charlie, we're a' fuckin galvanised wi you drappin that thing.

CHARLIE   I'll put it doon nice an' easy this time, like a feather.

CHARLIE *lifts the bar again, holds it there, brings it down with one break, then sets it gently on the floor.*

CHARLIE   That satisfy ye, eh, young fulla?

NORRIE   You must have some strength.

ROUGER   Aw aye, an' some knack, tae – ye learn the knack through practice.

CHARLIE   Ye fancy tryin tae learn it, then?

ROUGER   Ah've got some knack o ma ain. Shovin that thing ower yur heid a couple times might look snazzy, but you try shovin a bike up tae Dalmally an' back in wan day. See who'd hiv the knack then. Knackered merr like you'd be.

CHARLIE   Widnae waste ma time.

ROUGER   We wernae wastin time yesterday, ah'll tell ye. We caught six riders fae the Troy Wheelers just below the Falls o Falloch. Four o us, an' six o them. They knew we were on their tail and tried tae shake us on the climb. Suddenly the road ahead wis clear, an' wan o oor boys shouts, 'Jump!' We wer out the saddles like jockeys. As one man we sprinted up the hill an' left them fuckless. We danced away fae them! Burnt off they were – burnt right off! An' that wisnae knack, that wis pedallin, Mac, shovin an' pedallin.

CHARLIE   Bravo. So, how d'ye fancy makin yur name, Norrie? On the bike, or on the bar here?

NORRIE   Don't think ah fancy either o them.

CHARLIE   Ye can sit straight on a bike though, can't ye?

NORRIE   Who cannae?

CHARLIE   So try gettin that thing two inches aff the flerr.

NORRIE   Don't want tae.

CHARLIE   Jist hiv a wee crack at it.

NORRIE   Nae point, ah'd never dae it.

CHARLIE   Jist tae get the feel o it – get a sense o the resistance.

NORRIE   Ah think you're kiddin me.

CHARLIE   Naw, naw, c'm'ere. Pit baith hauns on the bar – a wee bit further apart – noo bend at the knees and jist get the feel o it. [NORRIE *does so and strains at the bar.*]

NORRIE   If I try any harder I'll go through the flerr.

ALL *the men laugh. There is a move towards resuming work. The* ROUGER *spots the red cloth peering out of* NORRIE'S *pocket. He whips it out.*

31

ROUGER   Here, wipe the sweat aff yursel'. . . whit the hell's this?

NORRIE   Give us that, you.

ROUGER   Oh aye, gie's back ma drawers. Whit ye daein' wi these?
[*He holds up a pair of red ladies' briefs.*]

NORRIE   Give us them, ah said.

ROUGER   Cairry these aboot in yur pocket a' the time, dae ye?

NORRIE   Naw ah don't.

ROUGER   Doin yur knee-creeper an' blaggin them aff the washin lines,
then. Is that it?

NORRIE   They're no mine.

ROUGER   Well ah hope tae Christ they're no. We've had a few queeries
in here, but never wan o that kind before.

NORRIE   Ach, work them up yur nose. Ah don't care.

JOE   Wherr d'ye get them?

NORRIE   Ye'll no believe us anyway, so whit the hell's the use o tellin'
yez?

BOB   Aye well, Norrie, ye must admit it's a kinna unusual article fur
a boy tae hiv aboot him.

NORRIE   Ah don't care, they're no mine.

ROUGER   Yur sister's, 's 'at it? Takes his sister's knickers oot wi him.
Some boy, eh?

NORRIE   You keep the sister oot o' it! Some bird up at a windae
shouted at me as ah wis comin doon the back sterr and threw these
things ower.

ROUGER   Oot the work next door?

NORRIE   Aye.

ROUGER   An' you picked them up an' kept them?

NORRIE   They fell right on ma heid. Ah wis in a hurry. Bob said ah
wis tae hurry an' no let anybody see me. Ah jist stuck them in ma
pocket. Meant tae throw them away later.

ROUGER   Oh, we'll believe that, oh aye. Nae wunner ye're takin yur
dinner in here, eh?

NORRIE   Ach, away you an' peddle yur duff.

ROUGER   Whit ye tellin us? Some young fox up therr hauls aff her
drawers an' chucks them oot the windae fur ye?

NORRIE   They wernae fur me.

ROUGER   Oh, fur somebody else, then?

NORRIE   Ah don't know.

32

ROUGER Naebody in here knows any o the birds in therr, except Charlie.

NORRIE Ah don't know, ah'm tellin' yez.

ROUGER Hidin it, eh? Feart somebody might lift ye ower his heid an' drap ye like a fifty-sixer?

NORRIE Aw, shut it!

CHARLIE All right, boy, speak up.

NORRIE Charlie, ah didnae want tae say anythin'. . . .

CHARLIE Never mind that. Jist tell whit wis shouted.

NORRIE Ah cannae mind.

BOB The boy cannae mind. Come on, back tae work, if that's whit ye call it, sittin on yur jacksies hauf the mornin.

CHARLIE Listen, Bob, it's no often ah go against ye, but ah'm gaun tae hear the version o' this, wance an' fur a'.

NORRIE Aw, right then, it's no ma fault. There wis two or three o these lassies up therr. The windae wis slung open. Wan o them seemed tae be tryin tae stop the others throwin these things, but they came flyin ower the windae, an' wan o them shouted, 'These are fur Charlie. Tell him Nancy says they're on fire and he's the man wi the hose.' [*The men laugh.*]

CHARLIE [*deeply humiliated*] Ya little bastart!

BOB Naw, naw, Charlie. The boy wis keepin it quiet, but you made him speak. That no right, noo? Peter?

PETER Aye, fair enough. Boy wantit tae keep his mouth shut. Whit the hell's it matter anywey? Only a bunch o lassies sky-larkin'.

CHARLIE Suppose you're right. O.K., son, forget it. Joke's on me. But it's over. Jist keep that in mind, everybody.

BOB Whit's the time therr? God stiff me, ah believe that clock's stopped again. Nae wunner the tea-break went on so long. Dae ye know how tae squint the time up therr, Norrie?

NORRIE Aye, think so. . . . [*He goes to the hole in the glass grating.*] It's jist leavin hauf-past.

BOB Whit! Oh buggeration! We've less than hauf-an-oor o the mornin left an' we've hardly turned a wheel. Ah well, wan o these days. Set that clock, Norrie.

NORRIE *goes up to the clock.*

33

NORRIE The hauns are stiff, they'll hardly turn.

BOB Well, spit on it – right on the spindle. That usually dis it.

NORRIE *spits on it.*

NORRIE Ah think that's it noo.

BOB Come on then, get some pomas on, an' mind my eye.

BOB *and* NORRIE *start to work.*

NORRIE Did you think the mornin went past quick, Bob?

BOB Past quick? It vanished, disappeared. How d'you no?

NORRIE It seemed quite long tae me. In school you've got different periods. Time goes quick.

BOB Back at school again, are ye? Take ma advice, son. Put it behind ye, unless you're thinkin o gaun back there, are ye?

NORRIE Naw, nae chance.

BOB Got tae make the break sometime. So stick in. You might think this is a rough trade and rough folk in it. But that's jist because we havenae broke away fae the oul' days – no a'thegither anyway. Ye cannae wipe oot years o' hard men an' hard graft jist because the machinery changes a wee bit. No that it's a' that different, mind you. The wheels are a wee bit different here an' there, like the carborundum stone. That used tae be the ould mill wi the hopper feeder and a sand-drip. That's when boys younger than you really grafted. Cairryin pailfuls o saun an' sievin it in the trough beside the mill. They still use them in wan or two places yet, an' if somethin' had tae go wrang at Peter's end we might have tae use it yet, but it's no likely. As ah said, there wis a lot o Irishmen in this game at wan time. Haill families o them. It wis wan o the few trades open tae them. The Rouger's oul' man wis a beveller. You think he's twistit. Ye want tae have seen his oul' man. They worked on piece work, each man seein his job through fae start tae finish, an' they had tae shift. The Rouger's faither wis a beaster. He'd collect his ain wages at the end o the week an' take the Rouger's tae. That wis the last they'd see o him tae the pubs shut on Setturday night. They wer lucky if he had enough left tae get them pigs' feet fur the rest o the week. So maybe it's no surprisin that he's a wee bit rough. Course they wurnae a' like that, the oul' yins. Some

34

o them could cut a design wi a wheel that wis merr like somethin' ye'd see in the Art Galleries. Ah wis never a' that good at figure-work masel'. But some o them raised families an' even put them tae the University. Ah see some lawyers' names aboot the toon an' ah can mind their faithers. Bevellers. Hard men, but good bliddy men, some o them. Aye, aye. Ye find the time long, then?

NORRIE   Jist keep glancin up at the clock a lot. Disnae seem tae move much.

BOB   Ah well, it's no much o a clock. Whit kinna stuff did they learn ye at school?

NORRIE   Usual. Bit o maths, science, techy-drawin, composition an' that.

BOB   Whit wer ye good at?

NORRIE   English.

BOB   English?

NORRIE   Aye. Might no talk it very good, but ah wis a'right when it came tae writin it doon.

BOB   Wisnae exactly ma best subject. Mebbie you're wan o these fullas wi the itch.

NORRIE   Eh?

BOB   Ah've noticed. There's roughly three kinds o blokes get loose efter school. Wan's like me. Plods along, learns a trade and disnae see much further than a week's work an' his wages at the end o it. A wee bit o security tae keep the wife happy. Other kind's the wan wi a bit o education. They run businesses, buy a hoose, an' never seem tae be short o a few nicker. They might be dumplins, but that bit o education makes the difference. They're usually solid. Third kind's the wans wi the itch. Ah don't mean scratchin theirsel's or anythin' like that. A kind o internal itch. They'd come in an' look at a job like this an' say, 'Bugger that – ah'm off!' They might cast aboot fur a while before anythin' turns up, but it usually happens. They might be the kind that tries tae knock aff a couple o wage-vans an' get seven year fur their bother, but they're no exactly the really itchy wans. Naw, the fullas ah'm talking aboot don't seem tae need whit the rest o us need. They've a kinna instinct, an' it gets them through. Some o them turn intae bookies, some do well at the buyin an' sellin, but occasionally ye get wan an' he really makes a name. Nae real start in life, but he's got the itch. We had a fulla like that in oor class in school. He wis good at composition, tae.

35

NORRIE Ah don't feel very itchy now.

BOB Ah well, we'll see. You're feedin up better. [*The bell goes.*] Stiff me, that's Leslie again. He's got the itch, but ah widnae like tae tell him where it is.

BOB goes off upstairs.
The ROUGER *and* JOE *start to talk together, hatching something.*

ROUGER Hey, Norrie! Ye really fancy that bike, eh?

NORRIE How, ye giein it away?

ROUGER Naw, but ye could always have a gander at it.

NORRIE Much'll it cost us?

ROUGER Jist thought ye might be interested tae have a look. See these gears here, many permutations ye think's in the cogs therr?

NORRIE You tell us.

ROUGER Twelve. A dozen choices when you're nickin along. Hills, flats, corners, take yur pick.

NORRIE *moves towards the bike and becomes absorbed.* JOE *snatches the old newspaper.*

NORRIE Whit kinna frame is it?

ROUGER Continental. Top stylin. The lightest frame on the road.

NORRIE Much it cost ye?

ROUGER Best part o fifty quid for the frame itsel'. Wheels, gears, brakes, extra. Worth a hundred nicker as it stands.

NORRIE That's no a bike, that's a space-ship.

ROUGER Feel the position.

NORRIE Position?

ROUGER The relationship between the saddle, the rider, and the haunle-bars.

NORRIE Whit's that got tae dae wi it? Ye no jist get on an' shove?

ROUGER That's gringo talk. You see a rider wi his position right, ye know he's a pedaller. Ye see a bloke wi his arse in the air, ye know he's a plunk, a Joseph. Ye can always spot the pedallers weighin thursel's up in shop windaes as they pass.

NORRIE Ah widnae mind whit ah looked like if ah had that thing under me.

36

ROUGER Ye'd get the knock before ye reached Old Kilpatrick.

NORRIE Ah've shoved a bike before this.

ROUGER Ye'd get fire in yur gut. Jist like that fire behind ye.

NORRIE *turns round and sees a small blaze on the floor.*

NORRIE Whit's that fur?

ROUGER Ye no feel it cauld?

NORRIE No me.

JOE Ould papers make very good burnin.

NORRIE Ye no feart ye set fire tae that straw?

JOE No chance.

ROUGER Don't think ye heard him right. Ould papers make good fires. Nice and dry.

NORRIE [*looking towards his bench*] 'S 'at that paper that came oot the mirror?

ROUGER You're gettin warm. But no so warm as that crap aboot yur oul' school.

NORRIE *tries to kick out the fire and rescue the paper but it's too late.*

NORRIE Whit ye want tae dae that fur?

ROUGER Jist a wee game. New boy – first day. Ye've got tae gee him up a wee bit.

NORRIE Ah don't mind ye takin the rise, but the paper wis somethin' else. D'ye burn the lot o it?

ROUGER Mebbie no.

JOE *holds up the rest of the paper.* NORRIE *dives for it. The* ROUGER *collars him, while* JOE *puts the rest on the fire.*

NORRIE You're a coupla animals. Liberty-takers. Yez knew ah wanted that paper.

ROUGER Teacher's pet. Gallopin back tae get a pat on the heid fur bein a good boy.

NORRIE Ah thought you wur gaun tae be ma mate in here, Joe.

JOE No chance, Mac.

NORRIE Lousy bastards.

BOB *comes down the stair.*

BOB Whit's that burnin?

ROUGER Gaun, tell him. Tell the teacher. The big bad boys set fire tae his paper.

BOB You get some watter on that at wance, Joe, or I'll land ye a severe kick in the arse. Rouger, ye're a lousebag plain and simple. It wis daein ye nae herm tae let the boy hiv the paper, but ye couldnae leave it, could ye? Ah knew yur oul' man. Ah widnae hiv crossed him, but he wis straight in his ain wey. You! When they bury you, they'll use a twisted coffin.

ROUGER Ma oul' man wis a pig, an' when he got tae the age when he wis past it, ah let him know it, too.

BOB Aye, don't tell us. Ah mind o his last days at the job. Ye used tae thump him on the chest an' say, 'Gaun, ya dirty oul' pig, ye.'

ROUGER Mebbie he'll no be the last oul' man tae feel that.

BOB If that's me you're talkin aboot, ah'll tell ye somethin'. Ye wernae bred fur it. Ah'd cut ye fae yur heid tae yur arse, or ah'd find them that wid dae it fur me. Joe, don't let me catch you at that caper again.

JOE Only a bit o kiddin, Bob.

BOB Ye might've burnt the shop doon. Aw right, Norrie, don't staun therr like a stumor. Mix some merr pomas or somethin', but stir yur ideas – the lot o ye. Peter, Charlie. C'm'ere, ah want yez. We're gettin that big mirror-plate through right now. Leslie says we've tae try an' get it started by two o'clock this efternoon, so gie's your efforts, an' we'll get it through against the sterr therr.

JOE You want me, Bob?

BOB When ah want you, ah'll ask ye. Any oul' gloves aboot the place?

CHARLIE Ah've got a couple ower therr.

BOB See's wan. The right haun.

CHARLIE They're baith fur the right haun.

BOB Like the rest o the stuff in here. Two o everythin' – bugger all o nothin'.

ROUGER Ah hivnae got wan.

BOB Good. Mebbie ye'll do wan o yur arteries in.

BOB, PETER, *and* CHARLIE *move through to the side of the shop.*

JOE   You've got me in bad wi the gaffer.

NORRIE   Ah got ye in bad? Ah didnae dae anythin'.

JOE   You and yur manky oul' paper.

NORRIE   Well, ye knew ah wanted tae keep it 'cause it wis ould.

JOE   Ould papers oot o ould mirrors are ten a penny in this job.

NORRIE   Ah didnae know that. Yez didnae need tae burn it anyway.

JOE   Ach, get bottled.

BOB, PETER, *and* CHARLIE *begin to appear carrying the glass plate.*
LESLIE *comes down the stair.*

LESLIE   Is that you bringing it through now, Bob?

BOB   We're no exactly takin it oot the back door.

LESLIE   See you don't mark the face.

BOB   We're jist lookin for rough corners tae gie it a dunt against.

LESLIE   Careful with the step down, then.

BOB   Aye. The wan-legged man'll go first.

LESLIE   It's all right kidding, Bob, but that's a valuable job. Watch the step, Peter.

PETER   Thanks for remindin me. Ah'd never noticed it before.

LESLIE   You're all in good humour today, I can see that.

BOB   We're a' jist tryin tae get this thing fae wan side o the shop tae the other.

LESLIE   Where are you putting it down?

BOB   We'll lie it alangside the sterr therr. If you'll get oot the road, that is.

LESLIE   Sorry, sorry. You think that's the safest place for it?

BOB   It's the only place fur it. Unless you know somewhere in this shop that ah havenae seen before.

LESLIE   No need for the sarcasm, Bob. Just seeing things right.

BOB   Jist a minute, Leslie. Ah'll talk tae ye in a minute. Now then, fullas, put it doon easy against the lavvy boards and the haun-rail.

LESLIE   You'll have to be careful when you're going into the doings.

BOB   Ma end doon first. Easy, noo, Charlie, easy, Peter. Your end, Rouger, aboot a foot oot at the bottom. That's it. Well noo, that wisnae so bad, wis it, Leslie?

LESLIE   No, quite good, quite good. You laddies be careful going up the stairs. No jumping. You hear that, sonny?

NORRIE Yes, Mr Skinner.

LESLIE I suppose you're right, Bob. That's just about the best place for it.

BOB It's nice an' near the grinder anywey.

LESLIE When do you think you'll make a start on it?

BOB Well, we've a few odds and ends o rush jobs tae clear up first. Mebbie two o'clock or hauf-past.

LESLIE How's that mirror coming along?

BOB That's wan o the odds an' ends. Right efter dinner-time ah'll gie it a polishin.

LESLIE Well, as long as you get the big one started this afternoon.

BOB Honest, ah don't know whit the panic is. We'd be better giein this a full day.

LESLIE No. Must get it started sometime today.

BOB You're the boss.

LESLIE I'll look down later and see how you're managing. How will you tackle it?

BOB Same wey we always tackle that size o job. A man tae each corner, an' the trestle-board underneath for support. Peter'll do the bevel.

LESLIE Your best effort, Peter. Keep the bevel true. Use the measuring-stick. Inch bevel all round.

PETER Aye, right, Leslie.

LESLIE I'll be off, then. Remember what I told you, boys. Watch the stairs.

LESLIE *goes off – and stumbles on the stair.*

ROUGER Inch bevel all round now, Peter. Use the measuring-stick.

PETER I havenae used a measuring-stick in twenty year. When ah dae a job, it's bang on. Nae merr, nae less.

BOB That man wid drive ye tae drink, so he wid.

PETER He disnae hiv tae drive me. You're still settin them up, ah hope, Bob.

BOB Mebbie you shouldnae go the day, Peter.

PETER The day wan lager sets me aff ma stroke ah'll chuck it.

BOB Ah, well, it'll no be long noo. Some bliddy mornin this has been.

40

ROUGER   Whit aboot this yin here, eh? 'Yes, Mr Skinner.'

BOB   Whit d'ye want him tae say – ye want him tae call the manager by his first name, an' him a new boy?

ROUGER   He calls you Bob.

BOB   Aye, 'cause ah told him tae. Right, back tae the graft for the wee while that remains o the mornin. Try an' clear up some o the small stuff.

ALL *return to their wheels and settle again. The singing takes over, and they begin humming the same tune as before.*

The whistle goes shortly. ALL *rush for their jackets and go off upstairs, the* ROUGER *taking his bike.* NORRIE *remains downstairs. At the foot of the stair* PETER *turns.*

PETER   Ye can leave a couple o the lights on, but don't touch anythin' ye shouldnae.

PETER *goes off.*

NORRIE   Aye, right.

NORRIE *is left all alone. He takes a flask and sandwiches from his piece-bag and settles on the bench beside his wheel. After a moment he goes to his jacket and returns with a comic, in which he soon becomes absorbed – so absorbed that he doesn't notice old* ALEX FREER *coming slowly, like a shadow, down the stair.*

Old ALEX *gets very near to* NORRIE *and stands looking round vacantly. He puts out a thin hand and touches* NORRIE.

NORRIE [*leaping up on to the bench and backing away*]   Jesus Christ! Ya whey-faced oul' bastart, ye come near me, ah'll break every bit o gless in the shop ower ye!

ALEX   Eh. . . . Eh. . . . Wait, noo. . . don't be feart, son.

NORRIE   Ye might be a fuckin ghost, but you touch me an' ye'll be sorry ye ever snuffed it!

ALEX   Aw, ah'm no' a ghost, son. Sometimes ah wish ah wis, an' sometimes ah feel like wan, but ah'll just hiv tae wait ma time. Sorry if ah gied ye a fright.

NORRIE   Whit ye daein in here?

ALEX   Ah'm nae stranger here. I wis doon here before ye wur born.

Best years o ma life wer spent doon here, among the pomas an' the wheels an' the slurry.

NORRIE The whit?

ALEX The slurry – the grindings o the gless that gethers at the bottom o the wheels. You must be new here. When did ye start?

NORRIE This morning.

ALEX Ye'll no have learnt a' the names fur the different wee bits an' pieces roon aboot the trade yet. The burning, the slurry, the culet. Ye know whit culet is?

NORRIE Naw.

ALEX Well, it's no much, but it sounds like something. The scrap gless in the box below the bench therr. The shards, the spikes, the remains o ould jobs bunged away an' forgot aboot – that's culet.

NORRIE Naebody told me.

ALEX Sometimes ah feel like a bit o ould culet masel'. Sometimes in the mornings I feel as if the culet's inside me. Apexes, corners, an' wee sherp slithers o gless tryin tae bust their wey oot ma inside. It's no gless, of course, it's jist the wey ah am sometimes in the mornings.

NORRIE Wur ye lookin fur somebody?

ALEX Ye could say that, aye. Ah try tae stey away, no bother anybody, but then the time comes when ah miss the smell. Ye've noticed the smell? Aye, ye wid. The burning at the polisher, an' that peculiar smell fae the edgers. It's no like anythin' else ah can think o. A kinna funny, limy smell. Nearly sweet. I noticed it the first time ah ever went intae a bevellin shop, an' ah can smell it noo.

NORRIE Is it Bob you're looking fur?

ALEX Aye, Bob. Maybe Peter, or any o the ould-yins. The young-yins, they're different. Widnae gie ye a smell o their drawers if their arse wis studded wi diamonds. Sit doon, son, hiv yur piece. Ah'll hiv a wee sate, tae. Ye're no sure o me yet, are ye? It's a'right, ah'll sit a wee bit away fae ye. Gaun, don't bother wi me. Ah'm Alex Freer. . . . [NORRIE *sits down cagily, and* ALEX *takes a place down the bench from him.*] Whit's making ye hiv yur piece inside?

NORRIE Jist thought that's how they wid a' dae it.

ALEX They used tae, right enough. Nothin' else fur it at wan time. Different noo. No very often they stey in at dinner-time noo. Peter sometimes if he's needin a wee sleep. If he's been feelin a wee bit dizzy or that. An' a very odd time, Bob.

42

NORRIE They're no here the day. Bob backed a few winners, an'
Peter an' him are in the pub.

ALEX Are they? By Christ if ah'd known that, ah widnae be here,
ah'll tell ye.

NORRIE Could ye no run doon? Ye might catch them.

ALEX Run? Ha-ha, Jesus, that's a good yin. Run, eh? Whit's yur name?

NORRIE Norrie.

ALEX Well, Norrie, the thing ah want maist right noo is a big gill o
wine, but ah couldnae run if they wer at the bottom o Pitt Street
giein it away in barrels.

NORRIE Ye no feelin well?

ALEX Aye, ye could pit it that wey. Mebbie ah could manage a wee
drap o yur tea, if ye've any tae spare.

NORRIE Aye, sure. Ye want a bit piece?

ALEX Naw, nae piece, nae piece.

NORRIE *pours out some tea and hands it over.* ALEX *stretches out his
hand, which shakes violently.*

NORRIE Ye cauld or somethin'?

ALEX Ah'm cauld, ah'm hot – ah'm sweatin, ah'm shiverin. [*He gets
the cup to his mouth. It rattles against his teeth.*] God take care o us!
Cannae even. . . cannae even. . . aw, never mind, son, it's a wee bit
too hot anywey.

NORRIE Sure ye widnae like a bit o piece?

ALEX Naw, naw. Oh, Jeez, ah'm exhausted. Whit's on yur piece?

NORRIE Sausage.

ALEX Cannae mind the last time I had a sausage. Listen, son. . . .

NORRIE Whit?

ALEX Aw, never mind. . . cannae ask ye that. Ye jist started this
mornin, eh?

NORRIE Aye.

ALEX Ye gaun tae stick it?

NORRIE No sure. Hiv tae wait an' see.

ALEX Don't, Norrie boy, don't. Get away fae it. Ye spend yur days
grindin gless, an' at the finish yur life's like slurry at the bottom o the
wheel. Yur back's like the bent bit o an oul' tree an' yur hauns are like
jaurries aboot the knuckles. Ye never get away fae the sound o watter

43

drippin in yur ears. The damp gets in at the soles o yur feet an' creeps right up tae yur neck. Yur face turns tae the colour o pomas an' ye cannae stop it. That Rouger, he tries tae keep the shine on his face by gallopin like a bliddy eediot oot on that bike o his, an' Charlie thinks he can pit aff the evil day liftin that stupit weight o his ower his heid, but they cannae stop it. Somethin' breks doon in the chest, an' the sound o yur voice gets thin, an' wan day you're an oul' man like me, bent an' brittle. Don't stey at it, Norrie. Get somethin' else – anythin'. Get intae the sun an' the fresh air. Get a job on a motor, a van, anythin', but don't stey at this trade. Fur if ye dae, it'll bend ye.

NORRIE   Aye. . . well. . . hivnae made up ma mind aboot it.

ALEX   Take ma word, make it up soon.

NORRIE   Thought ye said ye couldnae stey away fae the smell?

ALEX   That's right, oh, that's right. Efter a while it gets intae ye, an' wance it gets under ye, it's very hard tae make the brek. Ah'm no sayin there urnae some lovely things aboot this trade, but it's a' in the end-product, like. A bit o figure-work or a good – a beautiful mirror – well bevelled an' set – will staun against anythin' in any craft. Ah've seen work by some o the oul' fullas that wid bring wee needles intae the corners o yur eyes it wis that lovely, but take ma word – it's no worth it. The price fur a' that work has got tae be peyed.

NORRIE   How long have ye been stopped workin?

ALEX   A few year. Must be five or six anywey. Come in here sometimes an' see the boys. Sometimes they bung us a few bob tae get's a gless o wine. Ah'm a wine-mopper, ye know.

NORRIE   'S 'at how you're shakin?

ALEX   That's how, son, that's how. Ye can imagine me haudin a three-foot plate wi a shake like that on, eh?

NORRIE   Dangerous fur ye.

ALEX   Dangerous fur everybody else. Ah'm no sayin the trade did that tae me. That might have happened anywey. But sometimes, stuck doon here wi the mill gaun, the shaddas an' the watter drippin, on bad days ah used tae think, 'This is how it must be efter the big trumpet blaws', an' ah'd grab ma jaicket an' dive oot the back door fur a glass o the ruby red. Time came when ah couldnae come in at a'. No tae work anywey. How long before the rest o them come back?

NORRIE   Good forty minutes yet anywey.

44

ALEX Well, ah cannae stey here. The wee funny things are beginnin tae jig aboot at the side o ma eyes. Must try an' see the boys on the road up.

NORRIE Whit if ye don't see them?

ALEX Don't know. When it's like this ye never know. Jist hiv tae suffer, ah suppose, jist hiv tae suffer.

NORRIE Wid a dollar be any good tae ye?

ALEX Ye mean ye wid give us a dollar?

NORRIE Aye.

ALEX Oh, give us it, Norrie, give us it. Ah wis gaun tae tap ye a wee while ago therr, but you're jist a young boy. [NORRIE *gives him the money*]. . . Thanks. A dollar's quite a lot the wey ah'll drink it. At least the tap o ma heid'll no come aff. Thanks. Ah'll away noo. Ye'll never know whit this means. . . it might no make a' that much difference in the long run. . . but the day, anyway. . . I'll be safe fur the day, anywey. Cheerio, Norrie. You're a kind boy.

ALEX *goes.*

NORRIE *sits for a long moment before picking up his comic and starting to read and eat again.*

NORRIE *has finished eating and is now roaming around the shop.*
He has a crack at CHARLIE's *weight, but can't budge it. He swings on*
a thick rafter that juts out from the wall, then, spotting an old loft
high up on the side wall, he climbs up into it to see what's there.
Just then, the ROUGER *comes down the stair carrying his bike, and*
puts it down.

ROUGER   Anybody here? Wherr are ye, teuchter? Come oot, come
oot, we're sellin fruit!

NORRIE *peeps out from the loft, but doesn't answer. The* ROUGER *looks*
around the shop and decides he's alone. He, too, goes to CHARLIE's
weight and has a go, but can't lift it more than shoulder-high. NORRIE
watches.

ROUGER   Bastart! Five an' a half feet o fuck-all, an' he pits this thing
up like a bag o straw. By Christ, ah ever see him oot the road, ah'll
burn him, ah'll burn him down tae the rim o his jacksie.

The ROUGER *tries the weight again, but with no more success. He lets*
it drop on to the floor, and the noise is followed quickly by a rattle at
the back door. The ROUGER *goes through to answer it.* NORRIE *stays*
aloft. NANCY's *voice is heard, off.*

NANCY   Charlie here?
ROUGER   No the noo. Come on in.
NANCY   No if he's no here.
ROUGER   'S a'right, he'll be in a minute.
NANCY   Jist tell him ah wis here, eh?
ROUGER   Tellin ye straight, he'll be back in a shake. Come on in.
Nothin' tae be feart o.

NANCY   A'right, ah'm comin, but you keep yur distance, ye hear?
ROUGER   Sure, sure. Jist fixin the bike.

NANCY *appears. She is wary of the* ROUGER, *who is slamming the back door and throwing the bolt.*

NANCY   Whit's a' the security fur? Leave that back door open.
ROUGER   Ah'm no botherin ye. Ye want tae open the door, naebody stoppin ye.
NANCY   You'll no be stoppin me anywey an' chance it.
ROUGER   That's whit ah'm sayin', int it?
NANCY   Jist mind it.
ROUGER   You got somethin' against me? [*He goes to his bike and fiddles about.*]
NANCY   Whit d'ye mean?
ROUGER   Ye're comin on as if ah wis gaun tae dive ye or somethin'. Ye hardly know me.
NANCY   Ah know ye a'right. Ah widnae trust you wi a deid cat.
ROUGER   How dae you know aboot me – Charlie been wisin ye up on the shop gossip?
NANCY   Ah jist know, that's a'.
ROUGER   Oh, ah've heard o them, but ah didnae think we had wan o them in here.
NANCY   Wan o whit?
ROUGER   The kind that run tae their mammies or their birds or their wives. 'See whit a bad boy Rouger is – see whit a good boy, me.'
NANCY   Say that in front o Charlie.
ROUGER   You that implied it, no me.
NANCY   Ah'll tell him – see who's smilin then.
ROUGER   Ah don't know whit you're losin the brow fur. You pit the needle intae me, ah stick it back. Nothin' wrang wi that.
NANCY   Ah'm balin out o here.
ROUGER   Suit yursel'. Go or stey, ah'm no botherin ye.
NANCY   Ye mind opening that door then?
ROUGER   Ah don't mind. Jist gie's a minute, an' ah'll open it.

There is a moment of truce. NANCY *looks around the place. She is keenly aware of the* ROUGER, *and not entirely disenchanted.*

NANCY How can ye work in a place like this?

ROUGER It's no that bad.

NANCY It's a dump. Places like this should be demolished.

ROUGER Maist o them are, but we're still here.

NANCY Ah widnae work here if ye gave me a mink Rolls-Royce.

ROUGER Ye'll be gettin that any day noo. Ah mean, when you an' Charlie walk down the aisle.

NANCY Oh aye, that'll be the day.

ROUGER Ye no set the date yet?

NANCY I think the calendar's stopped.

ROUGER Whit, ye mean tae say Charlie's no sweatin tae get ye signed up?

NANCY You ask too many questions.

ROUGER Nae offence. Jist thought ye wanted tae air yur feelins.

NANCY Aye, but ah don't want tae broadcast them.

ROUGER Right. Ah heard nothin. Well, that's that. Wull ah open the door fur ye then?

NANCY Ye in a hurry tae see me aff noo?

ROUGER Naw, naw. Ah like talkin tae ye. In fact ah like you.

NANCY Save it, Santy. How can you like me, ye don't even know me?

ROUGER Well, the cat can look up the queen's drawers, can't it?

NANCY That's enough! Excuse me!

ROUGER It's jist a wey o speakin. Ah've seen ye stacks o times, an' in ma ain wey ah've liked ye. Havenae said much tae ye, but then ah don't know wherr ah stand, dae ah?

NANCY Ye stand wherr ye've always stood, big-yin, right oot in the rain.

ROUGER That's no exactly fair, is it? Ah mean, fur a' you know, ah could be wan o the nicest fullas in the city.

NANCY Ah'll never know anythin' aboot that.

ROUGER Up tae you. Wer ye supposed tae see Charlie?

NANCY Aye. Said he'd see me at the front o the work at a quarter past.

ROUGER He must have left late. He sometimes dis a bit o trainin wi the weight therr. Maybe he forgot.

NANCY Trainin fur whit? The Possilpark Olympics?

ROUGER Gettin his strength up. Ah mean, a lovely girl like you.

NANCY Flattery'll get ye nowhere.

48

ROUGER   Naw, genuine. Ah think you're a lovely girl.

NANCY   The compliments are bowlin me over.

ROUGER   Ah mean it. Terrific body, smashin face, the lot.

NANCY   Don't let *him* hear ye sayin that.

ROUGER   He'll never hear it unless you tell him.

NANCY   You're dead crafty, aren't ye?

ROUGER   Strike me dead, ah mean it, genuine. If ah wis Charlie, you'd be right up on the old pedastal fur ma money.

NANCY   Ah used tae think you wer a dead-head. Gettin quite romantic in yur ould age.

ROUGER   I'll say it again, you don't know me, Nancy. Sit doon a minute, an' if ye'll no fly off the handle, I'll tell ye whit ah think.

NANCY *sits, takes out a cigarette, and lights it.*

NANCY   Fag?

ROUGER   Don't use them. Savin ma strength fur the big event.

NANCY   D'ye think it'll be worth it when the time comes?

ROUGER   No swankin now. If you were ma bird, ah wid look efter ye in a wey Charlie disnae, I don't think.

NANCY   Didnae know ye told fortunes.

ROUGER   See a fulla day in, day out. Jerkin that bar therr ower his nut a hunner times a session disnae mean tae say he's got confidence in the right places.

NANCY   You're daein the talkin.

ROUGER   Ye can tell me if ah'm wrang, but ah believe the strong-man stuff is strictly fur the onlookers. Whit's he like in the heat o the moment, when the defences are down, or when anythin' else is down, fur that matter? Noo don't get the spur. Has he ever set the brush on fire? In the clinch, ah mean?

NANCY   You'd like tae know, widn't ye?

ROUGER   Naw, but you should know. You should know the difference. Four year ye've been waitin, haven't ye? Waitin fur the man behind the muscle tae give ye a charge. Jist wance.

NANCY   Whit ye gettin at?

ROUGER   It's simple. He blouters hissel' intae a trance, breakin tissue, buildin the frame, an' for what? Another night when he leaves ye like a cauld pie on the doorstep.

49

NANCY Mebbie ah'm not that kinda girl.

ROUGER Ye are, Nancy, ye are. You're just waitin for the moment. It might come in a wey that wid surprise ye.

NANCY Like when?

ROUGER Let me pit it tae ye this wey. Charlie's a champ fae the finger-nails up. Ah'm like steel fae the waist doon. Ah've got power therr, Nancy. That machine ower therr, that bike, has built me somethin' you couldnae imagine in yur wildest fantasy.

NANCY Ah think it's time ah wis leavin.

ROUGER Jist hing on for a minute, Nancy. Jist a couple o shakes, an' let me state ma case, and if you fancy it, prove it.

NANCY The men'll soon be here.

ROUGER We've jist got time. You said you've nothin' against me. Jist you let me take care o you for a minute, an' ah'll have somethin' lovely against you.

NANCY *is almost mesmerised. The* ROUGER *slips his arms around her and half-presses her on to the bench. She is hooked. His hands engulf her, and she almost succumbs then.*

NANCY No here! For God's sake, no here!

ROUGER Ower here, then. The straw – a lovely bed for a lovely deed, hen. Come on, don't draw back now. I'll take care o ye, Nancy, that's it, that's it. Ye'll be a'right wi me.

NANCY *allows herself to be led to the straw. The* ROUGER *is a snake-pit of fumbles. Partially out of sight,* they seem to be at the moment of her undoing, when suddenly she looks up, catches sight of NORRIE, *who has been watching fascinated, and screams,* 'Who's that up there?' *The pair scramble to their feet,* NANCY *pulling up her drawers, the* ROUGER *buttoning up in a fury of frustration.* NANCY *flies to the back door and disappears. The* ROUGER *spots* NORRIE.

ROUGER Ya knee-crept, Jesus-crept, swatchin little fucker, ah'll cut the bliddy scrotum aff ye! Ah'll knacker an' gut ye, ah'll eviscerate ye! Ya hure-spun, bastrified, conscrapulated young prick, ah'll do twenty year fur mincin you. Ye hear me? Ah'll rip ye fae the gullet tae the groin, ah'll incinerate ye! Ah had her – right therr – ah had her, spread-eagled, waitin fur the knife – an' you blew it. You blew the chance o pittin wan in her, an' wan on Charlie. He's never had her, but ah wid have had her. Another minute, ah wid have scored where he's never scored, an' you shankered it, ya parish-eyed, perishin bastart. Well, whit she didnae get, you'll get. Come doon here, come doon ah'm tellin ye, ah'll pit a shot in your arse that'll feel like thunder. Come doon, ah tell ye, or are ye gaun tae stey up?

NORRIE Ah'm feart tae stey up, but ah'm feart tae come doon.

ROUGER You better, young-yin. Ye see this culet? Ah'll make a bayonet o this an' come up therr an' get ye. Ah'll stow ye in the rubbish, an' the rats'll guzzle whit's left o ye. Ah'm comin up!

NORRIE Naw, don't, don't, Rouger, ah'm comin doon. Don't touch us, eh, don't touch us. Ah never meant tae watch ye, honest, ah'll no say anythin'. [He drops to the floor.]

ROUGER [grabbing him] By Christ, ye'll no say anythin', or ah'll tell them a' ah blocked ye 'cause ye wanted it. Ah'll dae that anywey. [He begins hauling NORRIE towards the straw.]

NORRIE Lea's alane, ya dirty pig. Ah'll tell Charlie when he comes doon that sterr.

ROUGER Ye'll whit? Ye'll no live that long! Ah'll hiv you stuffed an' parcelled in a coupla shakes.

LESLIE [off] Whit the hell's the row down there?

The ROUGER lets go of NORRIE and moves to the bottom of the stair, blocking the way out.

ROUGER Nothing, Leslie, nothing. Jist a bit o kiddin.

LESLIE [off] That's a terrible noise. Sounds like a bad day at Hampden. No more of it, now.

ROUGER Yes, Leslie. Right ye are.

LESLIE [off] See to it, then.

ROUGER [moving towards NORRIE] Whit wis that you said aboot Charlie?

NORRIE Said ah widnae tell him.

ROUGER Or any o the others?

NORRIE Them either.

ROUGER Right. Ah'll gie ye another chance. You say nothin' tae anybody, specially Charlie, an' ah'll let ye aff this time.

51

NORRIE Too true you'll fuckin let me aff, 'cause Charlie widnae let you aff.

ROUGER Noo, don't needle me. Say nothin', we'll forget the haill thing. But you tell him, an' ah'm no kiddin, ah'll take a cuttin oot the culet box, an' they'll be stitchin you for ever.

NORRIE Ye don't think ah'll be staunin here waitin fur it, dae ye?

ROUGER Ye mean ye'll be takin a powder?

NORRIE Ah'll no' be loiterin.

ROUGER An' whit wid ye say before ye go?

NORRIE Ah widnae be wastin time.

ROUGER Ha-ha, by Jeez, ah pit the wind up ye therr, didn't ah? Ye don't think ah mean a' that, dae ye?

NORRIE Bliddy sure ye did.

ROUGER Not at all. Whit ye take me fur? Ye heard me tellin Leslie it wis jist a bit o kiddin. That's a' it wis.

NORRIE Widnae be kiddin if Charlie got tae hear aboot it.

ROUGER Ah now, Norrie, ye cannae blame me therr, eh? Every man fur hissel', when it comes tae that. Ah mean, Nancy's quite a doll, isn't she?

NORRIE Well, you leave me alane, an' ah'll be sayin nothin'. Nane o ma business anywey.

ROUGER That's you screwin the nut now. We'll jist keep Charlie oot o this, 'cause if you open your mouth . . . ah'll get tae ye quick, believe it.

NORRIE Jist keep yur hauns aff me.

ROUGER Sure, sure. Peace an' love, eh?

NORRIE Piece an' fuckin jam.

ROUGER Ha-ha. . . that's good, that. [*The men's voices are heard returning.* BOB *and* PETER *come down first, followed soon afterwards by* JOE.] Remember, no grass. Ye dae, I'll dig you up. New kipper, you.

PETER Bob, you can take the drawers aff the bookies every day in the week, an' it'll give me pleasure tae stand alongside ye and drink the proceeds.

BOB If ah make it wance a year ah'm no complainin. Buy ye another pint next year.

PETER Where'll we a' be then?

BOB   Wi any luck we'll a' be somewhere. No so sure aboot the shop here. It's on its last legs.

PETER   Aye, like the trade.

BOB   Widnae say that, Peter. Maybe no the same class o work as there used tae be, but ther'll always be room fur a good man.

PETER   Well, right now ah havenae got room fur a' that lager. Ah'll away an' pour the totties. 'Oh dropping, dropping, dropping, dropping, hear the pennies fall. . . .'

PETER *goes to the lavatory.* JOE *arrives. The* ROUGER *keeps squinting at* NORRIE.

BOB   Ye enjoy yur piece, Norrie?

NORRIE   No bad.

BOB   Ye no go oot at a'?

NORRIE   Didnae bother.

JOE   The ghost no get ye?

NORRIE   Aye, he wis here.

BOB   Who wis here?

NORRIE   That oul' man.

BOB   Who wis that, then?

NORRIE   Said his name wis Alex. Alex Freer.

ROUGER   Ye didnae tell me that.

NORRIE   Ye never asked us.

BOB   Wis he right in the shop here?

NORRIE   Aye.

ROUGER   Wis he away before ah came in then?

NORRIE   Aye.

ROUGER   Ye sure aboot that?

NORRIE   Well, ye didnae see him here, did ye?

BOB   Christ, dae ye no know if he wis here?

ROUGER   He might have went oot the back. . . door.

BOB   Ye'd have seen him then, widn't ye? Whit ye gettin intae an uproar fur?

ROUGER   Jist askin.

BOB   Ye sure you're here the noo?

ROUGER   Naw, ah'm up on the rafters, higher an' higher.

PETER *reappears from the lavatory.*

BOB   Hear that, Peter? Ould Alex Freer wis in here, an' the Rouger's no sure whether he saw him or no.

PETER   How, wis he invisible?

ROUGER   A'right, forget it. Jist thought he might have slipped away as ah came in.

BOB   Whit's up wi you?

ROUGER   Nothin'. Nothin's up wi' me.

NORRIE   He left a while before the Rouger got here.

PETER   Whit wis he wantin'?

NORRIE   He wis lookin fur you an' Bob.

PETER   Whit d'ye tell him?

NORRIE   Said yez wer doon in the pub.

PETER   That should have been enough tae sen' him gallopin.

NORRIE   He wis kinna shaky.

BOB   Ye mean he wisnae chasin us up tae the boozer when he left here?

NORRIE   Ah'm no sure.

PETER   Did he no put the tap on ye fur the price o a gill?

NORRIE   Naw, but ah gave him a dollar anywey.

JOE   Ye mean the dollar Bob gave ye, ye bunged that oul' stumor?

NORRIE   Ah suppose it wis.

JOE   That's a good yin, eh. First day here he carries the gaffer's stash, then throws away the dollar he gets bunged fur it.

NORRIE   Didnae mean it that wey. Jist felt sorry fur the man.

JOE   Whit ye make o that Rouger?

ROUGER   Very ungrateful boy, that. Devious-like.

NORRIE   Aye, like some other people no a mile away fae here.

BOB   Ach, whit's the odds? His dollar, wisn't it? Alex Freer look bad?

NORRIE   He wis sick.

BOB   He'll no get better. Hey, that whistle hasnae went. Time we were started.

CHARLIE *runs down the stair in a fury.*

PETER   See any sign o ould Alex in yur travels, Charlie?

CHARLIE   Saw naebody – naebody – nutt anybody!

54

CHARLIE *slings his jacket and goes to the weight. He lifts it straight up six times and then lets it fall with a smash. The men cringe and go to their wheels, starting up one by one.*

BOB   Whit's eatin ye, Charlie?

CHARLIE   Forty-five minutes ah stood on that corner. Not a sign, not a whiff. By Jeez, she'll wait fur me, ah'm tellin ye.

ROUGER   [*on hot cinders, watching* NORRIE]   Nancy no show up, or somethin'?

CHARLIE   That's right – or somethin'. I'm staunin therr like a motion-less pump. . . forty-five. . . fuckin minutes. . . .

ROUGER   Ye must be angry, Charlie, no often we hear you swearin.

CHARLIE   Yeh. By Christ ah'm angry, ah'll. . . ah'll. . . [*He goes to the weight again and snatches it overhead.*]

BOB   Aw naw, Charlie, naw. Ye'll hav us a' in the nut-hoose if ye drap that thing again. [CHARLIE *smashes it down.*] That's the grand bastart finale, Charlie Weir! Noo ah don't give a shite if Nancy's running ye shammy-leggit, you're in here tae work, so leave the bleedin heart ootside an' start graftin, an' get that bliddy earthshaker oot o here fur wance an' fur a'. Nine shell-shocked, pile-drivin bliddy year we've had o it, so finish now, finish! Ye get it oot o' here. . . ah don't care how ye dae it – ye can stuff it in yur back pocket or ram it up yur nose, but oot it goes. . . . Friday at the latest.

ROUGER   That's short notice you're giving him, Bob.

CHARLIE *is not sure where he is. He blinks and gets to work.*

BOB   You get tae yur work, plaster arse. Noo listen, everybody, we get a' the odds and ends an' rush jobs cleared up before we start on the big job this efternoon. Get stuck intae it, now. Norrie, ye got plenty o pomas therr?

NORRIE   Aye.

BOB   Right, where's that oul' mirror nou?

ALL *work for a short spell during which the grinder screeches its loudest, and then goes quiet as* PETER *approaches* BOB.

PETER   Eh Bob, ah'm sorry tae bother ye. Ah should have noticed it before, but the grinder's pretty faur worn doon. Ah don't know if there's enough left in it tae see the big job through.

BOB   That's a' we need. Ah wish tae hell ye had seen that before, Peter. Nae time tae set a new wheel in noo.

PETER   Naw.

BOB   That's a problem right enough. Any suggestions?

PETER   No unless we use the ould mill tae we get a new wheel on. It wid be the day efter the morra before the new yin wid be right fur a job like that.

BOB   Nothin' left in that wheel therr at a'?

PETER   Oh aye, but it might no be enough. Might be doon tae the metal before we knew it.

BOB   We'll have a look at it. Norrie, you run up the sterr an' tell Leslie ah wid like tae see him. Let him come doon here fur a change. [NORRIE *goes off upstairs.* BOB *and* PETER *go to the grinder.*] . . . Ah don't think that's too bad, Peter. I think it'll jist last. Whit d'ye say yoursel'?

PETER   It could last, mebbie. On the other hand, ye know how it goes. Wan minute ye've got a grinder, the next minute you're through tae the wheel.

BOB   Ah wid chance it anywey. But jist in case, we'll get the boys tae sieve some saun fur the oul' mill. Hey, Joe, when Norrie comes doon, start gettin' a wee load o saun ower here an' sieve it. Peter, have a look at the belts and see they're a'right. Well, come on, Joe, get crackin.

JOE   Whit, sievin saun?

BOB   Aye, sievin saun, whit d'ye think?

JOE   It's two year since ah sieved saun – ah don't know if ah can dae it noo.

BOB   Oh aye, ye'll have forgot the intricacies. Ye cairry saun tae the mill and run it wet through the sieve. That's a hell of a lot tae forget, right enough.

JOE   That's no ma job any mair, Bob. Ah'm bevellin noo.

BOB   We're a' bevellin! You've done the job before, so show the boy, an' if it ever needs done again, he'll dae it. Get the pails ready, he'll cairry some fur ye.

JOE   Ah hate sievin saun.

BOB   Ye'll hate gettin a kick in the arse if ah land ye wan. Whit d'ye make o it? Open bliddy rebellion fae the junior staff. If there wis a war on they wid take ye oot in a Mexican hat an' shoot ye. [NORRIE *returns down the stair*.] Whit kept ye?

NORRIE He wis on the phone. He says you've tae go up.

BOB Whit – ye mean tae say he couldnae even. . . right! Ah'll go up an' ah'll tell him a few things. Jist wance, ye want a wee conference wi the heid o the hoose an' whit happens? He'll no even come hauf wey tae meet ye. [*He starts to mount the stair.*]

NORRIE Yur apron, Bob.

BOB Ach, bugger the apron. You get wi Joe an' learn how tae sieve saun.

NORRIE Whit's a sieve?

BOB Oh by Jeez, ah've heard everythin' noo. Whit's a sieve? Ah'll away up before ma arteries start tae chuck it.

BOB *goes off upstairs.*

JOE Right you! See if ye can cairry a pailful o saun.

NORRIE Ah'll go pail fur pail wi you anytime an' chance it.

JOE Ye should be daein' it by yursel'. No ma' job noo.

NORRIE Ah'll hiv tae learn it first, win't ah?

JOE Imagine, never heard o a sieve before.

NORRIE Ah'm waitin fur you tae tell me.

JOE Rouger, this yin disnae know whit a sieve is.

ROUGER Oh, riddle me ree, wan two three, up Mick's arse in the breweree.

NORRIE Thanks fur wisin us up.

ROUGER Ah said it, didn't ah? Riddle me ree, riddle, riddle, riddle. Never heard o' a riddle? An' ah don't mean a conundorum. The other kind.

NORRIE Wan o these roun' things?

ROUGER That's right – wi the meat safe in the end o it.

JOE Now ye know – so full up two pails an' carry them ower.

NORRIE *fills the pails. They are heavy, and he doesn't find it easy.*
JOE *has taken his load out of sight beyond the grinder.*

PETER That's the stuff, young fulla. Pit muscles on ye, that.

NORRIE Aye, a' we need's the ankle-chains.

JOE *returns for more sand.*

JOE Moanin already. Instant greetin-face. Wan load o saun, an' he's knackered.

NORRIE You lay affa me. I might be out ma class wi everybody else in here, but ah'll give you a run fur it any time ye fancy it.

JOE Mebbie ah fancy it right now. [NORRIE *drops the sand,* JOE *is a fraction unsure. Just then,* BOB *comes down.*]. . . Ah'll see you later.

PETER Don't let him rummle ye, son. Him an' that Rouger, they're a coupla poe-naggers.

BOB Some game this, eh? Ye go up the stair tae ask for a bit o' advice, an' whit dae ye get? 'You're the foreman, Bob, you know the job and what's required, it's your responsibility.' That's the manager fur ye.

PETER Well, he didnae know hissel', did he?

BOB You're right. Nearly shat hissel' when ah brought it up. Never mind – hauf-past two or earlier we get on wi the big yin. Ma decision. Much saun ye got through therr?

JOE Eight pails.

BOB That'll dae. Start sievin it. Back tae the polisher, Norrie. . . . [*He works for a short spell at the old mirror, then holds it up to the light, and decides it's all right.*] Right, Rouger, ye can take this thing an' gie it a finish. Don't waste too much time on it.

The ROUGER *takes the mirror, and* BOB *lifts another job. Suddenly there's a splintering of glass.*

CHARLIE *turns away from his wheel. He has a bad cut on his left hand.*

CHARLIE Christ, ah'm wounded! Ah'm goutin like a punctured bliddy pig.

ROUGER [*first to move*] Let us see that. Oh, that's bad, Charlie, very bad. Better get Leslie tae phone the ambulance.

CHARLIE Naw, nae ambulance, nae hospitals! It's jist across the palm. Ah'll get it bandaged up in the office.

BOB Right enough, Charlie, it looks gey bad.

CHARLIE It's no too deep, it'll be a'right wi a bandage.

ROUGER Never. That's serious, that. Need's stitchin, ah'm tellin' ye. Good anaesthetic, ye'll no feel a thing.

CHARLIE Nae hospitals, ah said!

BOB Ah think ye better see a doctor anywey.

58

CHARLIE   Nae doctors! Ah'm seein nae doctors!

ROUGER   Ye'll feel nothin', Charlie, honest. They'll clean it oot wi a bit o spirit – well, that's sore, right enough – an' shove the old needle in, draw it thegither, an' you're bran' new.

CHARLIE   Shurrup, Rouger! Ah'm no gaun anywhere. Ah'm gaun up that sterr an' get a dressin on it.

BOB   Ah'll come wi ye.

CHARLIE   Ah'll go masel'. Stey away fae me, everybody.

CHARLIE goes off upstairs.

ROUGER   Therr goes the hero fur ye. Mister Universe. He wis shitin hissel' sidie-weys in case he had tae go tae the hospital.

BOB   That wis a bad cut.

ROUGER   Aye, palm o his hand. Nae merr hair growin therr fur a while, eh?

PETER   You're a monster, Matchett. A diabonical, lousy big twat. Your mate cuts hissel', an' you're crawin. You're an imbecile.

ROUGER   Ach, away you an' fa' aff the spar.

BOB   Peter's right. Everybody's bad luck's your excuse fur laughin.

ROUGER   He'll no be slingin that weight o his aboot so handy noo, ah'll wager ye.

BOB   That's wherr he's always had ye, isn't it?

ROUGER   Had me nothin'. Every man tae his ain exertion. Ah'll be nickin up the Lochside this weekend at the goin rate fur all good pedallers – somethin' he knows nothin' about – while he's greetin ower his sore mitt an' soilin his drawers in case he has tae go tae the doctor. He's knackerless. If he ever gets a hard on, he'll think it's a fart that's went the wrang wey.

BOB   Go an' finish that job.

ROUGER   Wan dab, half a jiffy, it's yours.

BOB   Whit we gaun tae dae aboot that job if Charlie's oot the game? Widnae like tae trust Joe as the fourth man.

PETER   Charlie might jist manage it.

BOB   Very doubtful. Did ye get a look at that cut?

PETER   Naw, ah wisnae too keen on a close inspection.

BOB   Couldnae tell if it wis really bad or no. Ye know, Peter, it's a while since ah've seen a really bad injury at the job. Ah wis tellin the boy earlier aboot the day a hauf plate came aff the polisher an' caught a man in the back o the leg. He never walked right again.

59

PETER   That Eddie McCance?

BOB   Aye, did ye know him?

PETER   Heard aboot him up in the Northern Glass.

BOB   Ah believe he finished up therr.

PETER   Nice an' near Lambhill Cemetery.

ROUGER   That's you, no much tae it, as you said. Whit's next?

BOB   Jist use yur eyes. Plenty lyin aboot.

ROUGER   You're the gaffer.

BOB   Come on ower, Norrie. We'll set this back in its frame. Go tae ma inside pocket, an' ye'll find a paper therr – seein these intelligent fullas had the good sense tae set fire tae the ould yin. A'right, noo, hauf a dozen tacks or so, an' it'll be restored tae its former glory. Wee tap wi the hammer and jist bend them over gently. That'll haud it lovely. Jist a wee couple merr an' we'll be home. Therr we go. Mind you, when ye see it in that frame, it's right. Aye, dead right. Ah didnae gie it much o a glance when it came in, but noo ah see it, it's all of a piece. Gless and frame in wan union, quite delicate and nicely balanced. Ah don't know who the oul' fulla wis that set his haun tae the bevellin – an' mebbie he wisnae seein too straight when he did it – but ah can read him – ah can see he wis wan o ma ain kind. As ah said before, he wid take it through a' the stages fae the mill tae the rouger, an' if he earned seven an' tanner fur his day's work, he thought he wis king o the land. When ah look in a gless, Norrie, ah don't jist see masel', ah see the age o the job, the quality, the craftsmanship, and the style. Ah can very near see the face o the man that wis therr before me. Here's Leslie comin wi Charlie.

LESLIE *and* CHARLIE *come down the stairs.* CHARLIE's *hand is bandaged, and* LESLIE *is carrying a crystal bowl.*

LESLIE   He's not too bad, Bob. Bad enough, you know, but not so bad that he'd have to go to hospital.

BOB   Are ye sayin' that fur Charlie's sake or the sake o the big job therr?

LESLIE   No. . . eh. . . the job comes into it, of course, but Charlie says he can manage.

CHARLIE   That's right, ah'll manage.

BOB   Aye, but will ye manage yur corner at the job?

CHARLIE   Ah said ah'll manage. I've still got wan good haun.

BOB   It's no the good haun ah'm worried aboot, it's the other yin.

CHARLIE   This good haun' o mine is better than two o anybody else's
in here. An' if anybody didnae hear that, they better flush their ears
oot.

BOB   Naebody's questionin yur strength, Charlie, but ye need a coupla
hauns for this job.

CHARLIE   Look, wan good haun tae support the board an' the other
tae keep ma end steady. Ah'll be fine. Ah'll rest the left yin on tap o
the job, an' it'll be dandy.

BOB   A'right, if you say so. It's your haun.

LESLIE   You'll get a start made this afternoon, Bob?

BOB   That's whit ah said, an' that's whit we'll dae. Listen, Leslie, dae
us a favour. Tell me whit a' the rush is aboot. I mean, why start the
day?

LESLIE   I promised the job for delivery on Thursday. If we don't get
on with it today, it'll still be down here on Wednesday. It's got to be
up the stair tomorrow afternoon at the latest.

BOB   I wish ye widnae pit us a' on the rack like that, Leslie. Whit's
that ye've got wi ye?

LESLIE   Well, actually, Bob, it's a small emergency that just came in.

BOB   Ye don't mean ye want us tae tackle that the noo?

LESLIE   Let me explain, Bob. . . .

BOB   Aw, Jesus Johnnie, Leslie, give us a break.

LESLIE   It's a small crisis, Bob. An old friend brought this in just
before Charlie came up the stair.

BOB   Oh aye, upset, wis she?

LESLIE   It wasn't a she, it was a he. And he was upset. Look, see the
rim there. There's the tiniest piece out of it. It's a presentation – an
office presentation – and by some accident somebody has knocked a
small chip out of it.

BOB   They should take it back tae the shop an' say it's a bad yin.

LESLIE   Don't think they haven't tried it. They were chased. Anyway,
the presentation's at five o'clock this evening. You know, small office
party and a few drinks.

BOB   Oh, that's fine, we'll a' go alang.

LESLIE   Come on, Bob, can you fake this so as the chap will never
notice it?

BOB Let us see it. Where is it? Oh, therr? No much in that. If they cannae get that past him he must have microscopic eyes.

LESLIE They don't want to take a chance he'd spot it. What do you say, Bob?

BOB A'right, leave it wi us. Wee touch o the handstone an' the polisher, it'll be bang in front.

LESLIE Good, good. Then you'll start the big one, eh?

BOB Ah'd like the boys tae get a drap o tea first.

LESLIE Sure, sure. But right after that?

BOB As you say, Leslie, right after that.

LESLIE Thanks, Bob, I'll leave you to it, then.

LESLIE goes off upstairs.

BOB Ah've said it before, an' ah'll say it again. Skinner by name an' Skinner by nature. Nae wunner ould Alex went on the sauce. Joe, make the tea.

JOE It's made.

BOB Thank you, son. Anythin' bad ah've said aboot you the day, Joe, cancel it. You're a good, clever, conscientious boy. Get yur tea, lads, quick as ye can. Peter, a wee touch o the handstone on that crystal. Ah'll smooth it aff on the polisher when you're done.

ALL *get their tea. Distantly a pipe band is heard. It gets nearer, accompanied by the sound of marching feet overhead.*

NORRIE Whit's that?

PETER Must be that time o the year again.

ROUGER Aye, the bastarts.

NORRIE Is it the army?

ROUGER No quite, but it could be.

PETER Happens every year at this time. The Academy boys. The Officers Corps, or whatever they call them. Aff tae the summer camp.

ROUGER Bunch o ponced-up parasitical twats. Mummies and daddies walking alongside the darling boys to see them off at the station.

NORRIE Wish ah wis gaun wi them.

ROUGER You'll never see it. Not if ye had six lifetimes.

The band and procession draw nearer and pass by overhead. ALL *listen quietly until they pass.* Then PETER *hands the bowl over to* BOB, *who touches it very gently on the polisher.*

ROUGER   Naw, naw. You'll never be amongst it, young-yin. They're up there, an' you're doon here, an' even if ye wer grindin yur guts tae get up therr amongst it, next year when they go by you'll still be doon here, like the rest o us.

NORRIE   No me. Ah'll no be here.

ROUGER   No good enough fur ye, 's 'at it?

NORRIE   Didnae say that.

ROUGER   Ye fancy yoursel' up therr wi that mob?

NORRIE   Jist fancy gettin away tae hell oot the road. See a bit o the country.

ROUGER   But ye think ye'd make the grade wi the grandees up therr?

NORRIE   No ma style.

ROUGER   But a' this is no yur style either?

NORRIE   Whit ye talkin aboot? Fae whit ah've heard, you're never done gaun on aboot divin oot the country yursel'.

ROUGER   Aye, but on ma terms. Shovin that bike up the road's a different thing a'thegither fae kiss-my-arse and daddy's bankbook. Whit are *your* terms?

NORRIE   No money anywey. Mebbie a job on a van or somethin'. That oul' man, Alex, wis tellin us tae blow this job and get oot in the fresh air.

ROUGER   Ye listen tae him ye'll end up in Carrick Street Model. Did ye believe him?

NORRIE   Don't know. Made sense the wey he said it.

BOB   Don't think ye fancy this game much, young fulla. [*He gives the bowl a wipe and lays it down.*]

NORRIE   Don't like some o the folk in it.

BOB   It's a hard trade wi crude beginnins. Some o that's bound tae have rubbed aff. We're a wee bit on the rough side. Mebbie as time goes on you'll no notice it so much.

NORRIE   Aye.

BOB   Well come on then, fullas, it's now or never. Yur eye in, Peter?

PETER   Bang on.

BOB   Ye fit, Charlie?

CHARLIE   Yes!

BOB   Right! We'll get stevered intae the big yin therr. Youz young fullas might see another job like that in yur lifetimes again, but it's no' likely. We'll start on the grinder therr, but any sign o the wheel packin in, we transfer tae the ould mill. Right, Peter?

PETER   Right.

BOB   Rouger, you an' Joe bring the big trestle-board through fae the back. We'll lie it up against the job an' jist ease it gently ower tae the horizontal. [JOE *and the* ROUGER *go for the board. It is a large wooden frame of four crossed spars. The men complete the operation of placing the board against the plate and tilting it over to the horizontal.* PETER *goes to the corner which will be nearest the grinder.* BOB *calls instructions to the men.*] Easy, noo, lads. Wan step at a time tae we get used tae it. Jist keep it steady when Peter gets his corner on tae the wheel. The board'll take up the vibration.

Just then, LESLIE *hurries down the stair.*

LESLIE   Hold it, Bob. Hold it, boys.

BOB   Hold it? We've jist got tae hold it. We cannae drap it on the fuckin flerr.

LESLIE   No need to use that language in front of young boys, Bob.

BOB   These young boys have got words we've never even heard o. Whit's the panic?

LESLIE   You didn't forget that bowl, did you?

BOB   Christ, is that a' ye want tae ask? We're staunin here wi this thing in wur hauns, an' you're worryin aboot some stupid article that some half-arsed cowboy'll use for a chanty in the middle o the night.

LESLIE   You don't have to be so crude.

BOB   It's lyin ower therr. Gie it a wipe, an' it'll be champion.

LESLIE   You managed to get the mark out?

BOB   Aye, aye. Noo, will ye kindly take a walk up these sterrs an' leave us in peace?

LESLIE   You might be the foreman here, Bob, but you are talking to the manager.

BOB   The manager that didnae gie me much co-operation when I was askin fur yur ideas a wee while ago. It wis up tae me, ye said. A'right,

64

then, it's up tae me an' ah'll see the job done. Away you an' staun up at the front door an' scratch yur arse.

LESLIE *leaves.*

A'right, noo, mind whit ah said, jist take it easy, an' we'll put a bevel on this thing that ye could hing in a palace. [*The job begins.* NORRIE, *standing by, holds his ears. All seems to be going well when* PETER's *face begins to tighten, unnoticed by the others. Then he begins to jerk, and the plate flaps wildly.*] Mind the job, fur Christ's sake, mind the job! Joe, grab Peter's end. Norrie, get the haud o Peter an' lie him doon. Ye hear me, Norrie, stir yur arse fur fuck's sake, an' get Peter on tae that low bench. [NORRIE *is rooted and can't move.*] Rouger, leave your end tae Charlie and grab Peter. Don't be rough wi him, noo. That's it, lie him doon. Jist leave him, an' gie's a haun wi this thing. Norrie, ya useless young bugger ye, get oot the road. Right, lads, quick as ye can, get this thing against the wa'. Up she goes, easy, noo. How's Peter? Jist leave him, he'll come oot o it soon. Charlie, ye look as though you're in some bother wi that haun.

CHARLIE It wis fine tae ah had tae take the full weight o the end.

LESLIE *appears.*

LESLIE What's going on?

BOB Ach. . . Peter took wan o his turns. He's lyin oot on the bench therr.

LESLIE Is it just the usual or is it worse, do you think?

BOB How the hell dae ah know, ah'm no a doctor. He looks like he always looks when this comes on him. Have a glance at him yursel'.

LESLIE No, I'll leave that to you and the men. You've dealt with it before.

BOB Aye, an' ah suppose we'll deal wi it again the next time it happens.

LESLIE Is the job all right?

BOB Oh, that's whit's on yur mind? I knew it couldnae be Peter.

LESLIE That's unfair, Bob. You know Peter's been kept on here despite his disability.

BOB An' because ye couldnae get his like anywhere else.

LESLIE I won't argue with you. I'll be in the office if you need me.

LESLIE *goes.*

65

BOB Whit's up wi ye, Norrie? You're staunin therr like a stumor.

NORRIE He's dead, isn't he?

BOB Who, Peter? Nat at all.

NORRIE Ah've only seen wan. . . I mean. . . he looks like it.

BOB Ye'll see him worse than that, mebbie, if you're here long enough.

NORRIE Ah'll no see him. Ah'm chuckin it.

ROUGER He's movin a wee bit noo.

CHARLIE Bob, ye mind if ah go up tae the end o the shop?

BOB Naw, on ye go, Charlie. Ye'll have tae go tae the hospital wi that thing.

CHARLIE Aye, we'll see.

ROUGER Ah don't want tae be around when the likes o that happens again. Ah thought we were a' gaun tae be minced.

BOB Don't make it any worse than it wis. If it had been an ordinary job it widnae have looked so bad.

ROUGER Couldnae have been much worse. Leslie's right, he's lucky he's got a job.

BOB An' this shop's lucky it's got Peter. He's got the best eye o any beveller ah ever met, tae any fraction you like tae quote. An' he can horse it wi anybody. . . he's no feart tae bend his back.

ROUGER You'll no hear a bad word aboot him, will ye?

BOB No fae you anywey. You're always tryin tae make oot he's epileptic when he's no. He's had a' the tests, an' they've told him he's no epileptic, not that it wid worry me in the least if he wis.

ROUGER Whit dae you think's up wi him, then?

BOB Ah don't know. Some kind o tension when he's excited or upset.

ROUGER Jist as well he's got you fur a china.

BOB That's right, an' don't you forget it. [PETER *sits up slowly.*] A'right, then, Peter, how ye feelin?

PETER Ah? Aye. Whit time is it?

BOB How ye doin, oul' son? You're gey faur away.

PETER Ah wis supposed tae meet. . . this big fulla at the corner. . . he had a parcel fur me.

BOB Sure, sure. Wid ye like a wee drap tea tae clear yur heid? Joe, any merr tea left?

PETER Took me a' ma time. . . ye know. . . ma fingers were thon funny wey. . . an' then. . .

BOB   Jist slipped away, did it?

PETER   Fell aff the spar. Aw, God love us. . . that you, Bob?

BOB   Aye.

PETER   Are we late?

BOB   Naw, we're no late, plenty o time.

PETER   We're in the shop?

BOB   That's right.

PETER   That's funny, ah thought. . .

BOB   Easy, Peter.

PETER   Ah pass out?

BOB   Yes.

PETER   Ah break anythin'?

BOB   Naw, naw. Come on, ah'll take ye tae the back door fur a wee bit air.

PETER   Aye, sure. That big bastart tell me tae fa' aff the spar?

BOB   Ah believe he mentioned it.

PETER   He wis right then, wisn't he? Stuck in ma mind.

BOB *and* PETER *go to the back door.*

JOE   You challenged me a while ago.

NORRIE   Naw, ah didnae.

JOE   Ye said ye fancied yur chances anywey.

NORRIE   Ah wis browned off.

JOE   Ah wisnae needlin ye a' that much.

NORRIE   Naw, but he wis.

ROUGER   Now, mind your mouth, you.

NORRIE   Don't worry, I'm sayin nothin'. A' ah'm waitin fur's the five o'clock whistle an' ah'm jackin it in.

JOE   When, the day?

NORRIE   Aye.

JOE   Less than wan day at the job, an' you're turnin it up already?

NORRIE   Ah'd never be any use at it anywey.

ROUGER   How dae ye know?

NORRIE   Ah jist know.

ROUGER   Like it's a' right fur the common grafters, but no fur the likes o you.

NORRIE   It's nothin' tae dae wi that.

67

JOE Ah don't get it. It's a job, int it – it's a trade. Whit'll yur oul'-man say when ye tell him?

NORRIE He'll say try somethin' else.

ROUGER Whit wis it finally got ye? Seein Peter, wis it?

NORRIE Didnae help.

ROUGER Ah thought that sickened ye. Remind ye o somethin'?

NORRIE You keep your mouth shut, an' ah'll keep mine.

ROUGER Ah'm easy.

BOB *comes back with* PETER.

BOB He's no hissel'. Try a wee drap o that tea, Joe. Take Peter wi ye.

JOE He said he's leavin the day, Bob.

BOB Who?

JOE Him, Norrie.

BOB 'S 'at a fact? Well, ah don't suppose wan boy here or therr'll make any difference tae this trade. [*He goes to the foot of the stair.*] Hey, Leslie, Leslie, ye hear me? Wid ye mind comin tae the heid o the sterr fur a minute, ah want a word wi ye? Take that tea slow, Peter, it'll dae ye good. Ah think ye can pit yur jaicket on, tae. Listen, Leslie, ah think we better a' pack it in fur the day. Charlie's no fit, an' Peter should go hame. Ah'll have tae see him up the road. Nae sense in the rest hingin on. Whit dae ye say?

LESLIE Hold on, Bob, I was on the phone. I'll have to finish the call and think about it.

BOB There's nothin' tae think aboot. If me an' Peter are no here, there's nothin' the rest can dae.

LESLIE I'll finish this call an' blow the whistle. It might take a few minutes.

BOB Got tae be manager, hisn't he? He'll blaw the whistle, but in his ain time. Can ye manage yur jaicket, Charlie?

CHARLIE Ah'll be a'right.

BOB *and* CHARLIE *begin preparing to leave.*

NORRIE Ah'm sorry, Bob. Wisnae you ah meant when a said ah didnae like some o the folk in here.

BOB Jist as well ye told me that. Ah widnae have slept the night.

68

NORRIE   An' ah'm sorry aboot the job. Ah mean leavin.

BOB   Don't apologise tae me. You're no comin tae the trade, so forget it. This time the morra ah'll have forgotten you. It's nae insult tae me if you don't want tae work at this job. Ah didnae think ye wid stick it long anywey. That's the wey it goes. New folk don't want tae come intae the game, an' some o them that are at it don't give a toss fur it. So save yur apologies. Makes nae odds tae me. How ye shapin up, Peter?

JOE *and the* ROUGER *have been whispering together and now approach* NORRIE.

ROUGER   Jist wan thing you missed in this job, Mac.

NORRIE   Whit wis that?

ROUGER   Ye didnae get baptised.

The ROUGER *and* JOE *grab* NORRIE *and rush him to the trough, where they shove his head under the water.* JOE *lets go quite soon; but the* ROUGER, *who has* NORRIE *by the hair, holds him under till he almost passes out.* BOB *intervenes.*

BOB   Whit ye daein, Rouger, fur Christ's sake, ye want tae kill the boy?

ROUGER   Jist wettin his heid.

BOB   Ye couldnae let him go, could ye? You had tae get the needle in. Ye might've droont him, ya bliddy eediot.

ROUGER   Fuck him. He's no wan o us.

BOB   He didnae deserve that, anyway.

The ROUGER *collects his bike and brings it to the foot of the stairs to join the others.* NORRIE *recovers slowly. The whistle goes.* ALL *begin to leave.*

NORRIE   Hey, Charlie, Nancy wis in here at dinner-time. The Rouger tried tae shag her.

ALL *stop. There is a long silence.*

BOB   Come on, Peter, ah'll take ye up the road.

JOE *is merely a bystander.* CHARLIE *considers his hand, but advances slightly on the* ROUGER.

CHARLIE   Ah'm wan-handed, Rouger, but if whit that boy says is true, ah'll take you, ah'll take you, an' ah'll mash ye intae the slurry.

ROUGER   He's a liar, Charlie. Honest tae God on the old-lady's grave, ah'll give ye ma genuine Bible oath, he's a liar.

CHARLIE   Whit made him say it?

ROUGER   Ah don't know, ah really don't know. He jist couldnae take the kiddin, ah suppose, an' made it up fur badness.

CHARLIE   Ah believe ye. Now, you listen, boy, that's the second time you've raised Nancy's name the day, an' each time ye soiled it.

CHARLIE *punches* NORRIE *in the stomach, and* NORRIE *folds up.*
JOE, *the* ROUGER, *and* CHARLIE *go up the stairs.*
NORRIE *lies on the floor gasping in pain. After some time, he gets to his feet and begins weeping deep, hard sobs which come from the pain in his body. He supports himself on the trough, but seems unable to make any kind of decision. At last* LESLIE *comes down the stair.*

LESLIE   What's the matter with you, sonny, have they been giving you a rough time? It sometimes happens with new boys. They haven't really hurt you, have they? That's all right, then. I think you better get up the stair. Where's your jacket? I'll get it for you. This bag belong to you, too? All right, come on then, up you go. Your stomach sore, eh? Ah, you'll be all right. Away home to your mother, and you'll be all right.

CURTAIN